Guía para el docente y solucionarios

Desarrollo de productos editoriales multimedia

ic editorial

Editado por: IC Editorial
c/ Cueva de Viera, 2, Local 3
Centro Negocios CADI
29200 Antequera (Málaga)
Teléfono: 952 70 60 04
Fax: 952 84 55 03
Correo electrónico: iceditorial@iceditorial.com
Internet: www.iceditorial.com

Guía para el docente y solucionarios:
Desarrollo de productos editoriales multimedia

1ª Edición

ISBN: 979-13-7027-093-3
Depósito Legal: MA 1980-2025

Impresión: PODiPrint
Impreso en Andalucía - España

Índice

Bloque 1

Guía para el docente: técnicas de enseñanza y aprendizaje

Bloque 2

Solucionarios de ejercicios de repaso y autoevaluación

Bloque 1

Guía para el docente: técnicas de enseñanza y aprendizaje

Contenido

1. Introducción

El presente capítulo está destinado a ofrecer al cuerpo docente responsable de la enseñanza del programa de cualificaciones profesionales y certificados de profesionalidad, una guía metodológica para obtener el máximo rendimiento de los contenidos formativos que han sido desarrollados para el presente título.

La mejora de las habilidades comunicativas y la aplicación de una metodología contrastada de enseñanza, aprendizaje y evaluación permitirá transmitir el conocimiento y adquirir el programa formativo de la forma más efectiva y práctica posible.

Estudiaremos cuáles son los principales elementos que forman parte de la comunicación profesor-alumno, a través de una cuidada selección de sistemas de planificación de estrategias didácticas, así como la utilización de medios y recursos didácticos.

La integración de todas las actividades planificadas alrededor de un plan de formación adaptado e individualizado, aumentará además la satisfacción del alumnado por la utilización de un sistema no lineal e interactivo que se retroalimenta gracias a la relación establecida entre la propia metodología y los actores que forman parte de la enseñanza.

2. El programa de formación

Una de las claves del éxito de la mayoría de las actividades que se realizan en general, y concretamente en la formación, es la **programación.** Es necesaria la programación de las acciones formativas, para que así se pueda alcanzar el objetivo final, es decir, que el alumno obtenga una buena capacitación y adquiera nuevos conocimientos en su repertorio y que, después, sea capaz de emplearlos en su trabajo.

2.1. Definición de programación

Cuando se habla de **programación,** se pueden encontrar multitud de definiciones. Para sintetizar, se podría definir como la actividad de enunciar lo que se quiere hacer (objetivos, contenidos, métodos, temporalización, medios y recursos didácticos y evaluación).

Definición

Programación
Es un plan donde se establecen las acciones que se van a realizar en un proceso de enseñanza-aprendizaje, por medio de un formador o un equipo.

A continuación, se va a describir una serie de características que tiene que tener una programación didáctica:

- Dinámica. Una programación no es estática ni está acabada, siempre está en constante revisión, de ahí su dinamismo. Además va cambiando o evolucionando según los resultados de la evaluación continua que se va realizando durante la ejecución de la acción.
- Flexible. Esta característica permite que se puedan hacer cambios, ampliaciones, reducciones y actualizaciones de los contenidos y actividades programadas, según las necesidades que se observen.
- Creativa. La programación como es un diseño propio y exclusivo, exige creatividad y originalidad. El docente es el que decide sobre el quehacer en el aula teniendo en cuenta las características del grupo, las necesidades que se pretenden satisfacer y las propias posibilidades.
- Prospectiva. La programación consiste en hacer un pronóstico de la interacción que se va a producir en el aula.

- Sistemática. La programación es un proceso sistematizador que da coherencia a la acción formativa, ya que tiene en cuenta todos los elementos (objetivos, contenidos, métodos, temporalización, medios y recursos pedagógicos y evaluación) que intervienen en el acto educativo y analiza sus relaciones.
- Integradora. Permite integrar elementos de cualificación técnico-profesionales con elementos de cualificación personal de alumnado.
- Funcional. Toda programación debe basarse en el perfil profesional de la ocupación y estructurar los contenidos formativos que proporcionan las competencias de ésta.

2.2. Elementos de la programación

Antes de empezar cualquier programación formativa, es necesario tener en cuenta los datos obtenidos del análisis de la ocupación y del grupo al que se dirige la acción formativa. A partir de esta información, se determinan los elementos que van a conformar la programación.

Cuando se realiza la programación de un curso, hay que plantearse previamente las siguientes preguntas:

1. ¿Qué quiero conseguir con la formación?	**OBJETIVOS**
2. ¿Qué conocimientos deben asimilar los alumnos para alcanzar los objetivos propuestos?	**CONTENIDOS DEL CURSO**
3. ¿Cómo trabajamos en el aula? ¿Qué actividades son las que realizamos?	**MÉTODOS DE ENSEÑANZA**
4. ¿Cuánto tiempo tengo y cuánto dedico a cada módulo?	**TEMPORALIZACIÓN**
5. ¿Qué medios y recursos didácticos se necesitan para poder llevar a cabo esas actividades?	**MEDIOS Y RECURSOS DIDÁCTICOS**
6. ¿Cómo sabemos que se ha producido el aprendizaje?	**EVALUACIÓN**

3. Factores determinantes de la efectividad de la comunicación en el proceso de enseñanza-aprendizaje

En toda comunicación que se produzca en el proceso de enseñanza-aprendizaje, existen factores determinantes que obstaculizan o refuerzan este proceso.

3.1. Obstáculos de la comunicación

Relacionados con el emisor

- No expresar de forma clara qué mensaje se quiere transmitir.
- Comentar algo a lo largo de la explicación que no sea lo correcto y pueda resultar desagradable.
- Cambiar el tema de conversación.
- Desviarse del tema que se está tratando.
- No mirar al receptor cuando se quiere expresar algo.
- No estar atento a las señales que emite el receptor.
- Expresar alguna idea a través de los gestos que no se corresponda con la idea a comunicar.

Relacionados con el receptor

- No comprender las ideas que quiere expresar el emisor.
- No pedir explicación al emisor de aquella información que no le haya quedado clara.
- Interrumpir al emisor cuando está hablando.
- Captar algo diferente a lo que el emisor desea transmitir.

Relacionados con el mensaje

- Mensaje confuso.
- Mensaje muy corto.
- Mensaje muy extenso.
- Abuso de muletillas.
- Utilización de frases sin terminar.
- Dar "rodeos" para decir la idea principal.

Relacionados con el contexto

- No ser el momento adecuado para transmitir algo.
- No saber escoger el lugar oportuno.
- La presencia de ruidos y de interferencias.
- No pensar en las personas que están cerca.

Relacionados con el código

- No utilizar el mismo código que la persona con la que se habla o a la que se escucha.
- No adaptar el vocabulario a la situación o a la persona con la que se conversa.
- Utilizar el doble sentido.

3.2. Sugerencias para el mejor funcionamiento de la comunicación

Emisor

- Acostumbrarse a planificar la comunicación.
- Concretar visiblemente los objetivos.
- Buscar la retroalimentación en la comunicación.
- No tratar de impresionar al receptor.

Mensaje

- Que sea claramente entendido por el receptor.
- Que la terminología usada sea de referencia común.
- Que reclame la atención y el interés del alumnado.
- Que sea sencillo de interpretar.
- Que su contenido sea adecuado y convincente.
- Que produzca el máximo efecto posible.

Canal

- Que sea el más apropiado al grupo al que se dirige, al contenido del mensaje y al objetivo que persigue el formador.
- Que sea el que cause mayor impacto en el receptor.
- Que sea el más eficaz.
- Que sea el que mejor domine el formador.

4. La comunicación verbal y no verbal en el proceso instructivo

Los medios de comunicación pueden agruparse en dos grandes bloques: los **medios verbales,** que son aquellos que usan la lengua como código compartido; y los **medios no verbales,** que son los que se fundamentan en otros códigos simbólicos. A su vez, dentro de los medios verbales, están el medio escrito y el medio oral.

Cada uno de estos medios tiene sus ventajas y sus inconvenientes, por lo que la selección del medio deberá tener en cuenta las circunstancias y características que en cada caso presenta el comunicador, la audiencia y el mensaje que se ha de transmitir.

4.1. Los medios verbales

La comunicación verbal

La comunicación verbal se utiliza para comunicar ideas o dar información, opiniones, expresar o describir sentimientos, etc. Sirve de vehículo a los contenidos explícitos del mensaje. Para garantizar la efectividad de la comunicación, es necesario que el mensaje se presente de forma descriptiva y operativa, pero siempre teniendo muy en cuenta el código común del grupo al que va dirigida esta comunicación.

Un uso correcto del lenguaje oral ayuda a acercarse más a los alumnos. Los principales aspectos a considerar son los que aparecen a continuación.

Construcciones gramaticales

El objetivo será transmitir el mensaje de la manera más clara posible. Se deben evitar los giros rebuscados, la sintaxis complicada y las metáforas. En las explicaciones y conversaciones debe primar el contenido sobre la forma.

Vocabulario

Es importante saber qué palabras van a expresar mejor los conceptos que se desean transmitir y las que pueden ser comprendidas mejor por los alumnos. El análisis previo de los alumnos ayuda a saber qué términos técnicos se pueden utilizar sin problemas, cuáles se tienen que explicar y cuáles se deben evitar.

En general, siempre hay que mantenerse dentro de un lenguaje formal, evitando los vocablos demasiado coloquiales, las palabras extranjeras, las referencias académicas y expresiones de carácter religioso, político, deportivo o cultural, que pueden resultar agresivas para los alumnos.

Ejemplos

Los conceptos abstractos que pueden aparecer y que dificultan la adquisición de los contenidos, tienen que ser expresados mediante las explicaciones del formador, siempre apoyándose en la visualización.

La comunicación escrita

La comunicación escrita posee un carácter más veraz que la oral. La interacción que tiene lugar entre el emisor y el receptor no es inmediata, en algunas ocasiones no llega a producirse jamás. Este tipo de comunicación ofrece más oportunidades expresivas y mayor complejidad gramatical, sintáctica y léxica. También hay que tener en cuenta que a veces dificulta la expresión y/o puede no proporcionar *feedback* de manera inmediata.

4.2. Los medios no verbales

Al igual que las palabras, los elementos de la comunicación no verbal son signos que representan una idea (se excluyen todos los signos lingüísticos).

A diferencia de la comunicación verbal, su función no se centra sólo en la transmisión de contenido, sino que traspasa esa frontera para expresar también las emociones del emisor, controlar la interacción y proporcionar *feedback* del efecto que el mensaje produce en el receptor. Todas estas funciones son muy útiles para el formador, tanto en su tarea de transmisor de conocimientos como en la tarea de motivar y dirigir al grupo.

A continuación, se detallan las diferentes categorías en las que se agrupan los elementos de la comunicación no verbal.

Kinesia

Posturas

Una de las primeras cosas que el formador debe transmitir a sus alumnos es confianza y seguridad, lo que puede conseguirse a través de una postura erguida (sin llegar a ser arrogante), de pie, apoyándose sobre los dos pies y manteniendo la cabeza alta.

Esta postura es útil, especialmente durante la presentación del curso, porque ayuda a relajar el cuerpo, a facilitar la respiración y a controlar las muestras de nerviosismo, al tener un buen apoyo en el suelo.

A medida que avanza el curso, se pueden adoptar otras posturas que faciliten el descanso (apoyarse), el acercamiento (echar el cuerpo hacia delante) o que resten protagonismo (sentarse).

Gestos

Los gestos son un buen aliado del formador, excepto cuando éste se siente incómodo o nervioso. Gestos de carácter adaptador, como rascarse o colocarse la ropa, pueden delatar su estado emocional.

La mayoría de los gestos cumplen la función de reforzar el mensaje verbal (ilustradores), aunque existen otros cuya función es regular las intervenciones cuando se dirige una discusión de grupo.

Expresiones faciales

Las expresiones de la cara transmiten las emociones y permiten obtener fácilmente una respuesta del alumno.

Una expresión facial agradable, como una sonrisa no forzada, facilita la creación de un ambiente relajado en el aula. Una sonrisa puede ser muy útil también para romper la tensión que inevitablemente surge en algunas sesiones.

Mirada

La mirada, junto con la postura, es uno de los mejores métodos para transmitir confianza (en momentos de nerviosismo se tiende a apartar la vista) y para captar la atención de los alumnos.

Mientras el formador habla debe mantener la mirada sobre los alumnos la mayor parte del tiempo, mirándolos el tiempo suficiente como para que se sientan atendidos pero no incómodos. También se puede utilizar la mirada durante las discusiones de grupo, con una función reguladora de las distintas intervenciones.

Desplazamientos

Realizar desplazamientos en el aula capta la atención del alumnado, además de facilitar el contacto visual. Hay que procurar que no sean repetitivos o bruscos (pasear cerca de los alumnos), y cambiar de un recurso a otro (ir de la pizarra al retroproyector), etc.

Recuerde

Los recursos no verbales que estudia la Kinesia son:

- Posturas.
- Gestos.
- Expresiones faciales.
- Mirada.
- Desplazamientos.

Estos recursos pueden utilizarse tanto para reforzar lo que se expresa mediante la comunicación verbal como para sustituirlo.

Proxémica

El aspecto de la proxémica que más interesa es la proximidad física entre los individuos, ya que los alumnos pueden sentirse violentos si el formador se aproxima excesivamente a ellos o, por el contrario, verle distante si no se acerca.

Se debe prestar atención a este aspecto, tanto durante las intervenciones como al distribuir el espacio del aula que se va a emplear, evitando siempre que los asientos estén demasiado juntos o demasiado separados.

Paralingüística

Para captar la atención del público, los oradores suelen hacer uso de determinados aspectos como el tono de voz o las pausas, que en algunos casos pueden parecer exagerados.

El formador, aunque emplee el método de la lección magistral, no es un orador y, por tanto, no debe prestar especial atención a estos aspectos, excepto cuando le plantean algún problema, debido a la ansiedad, al cansancio o a un mal estado de salud. Practicar en voz alta y realizar grabaciones durante la fase de preparación puede ayudar a vencer estas dificultades.

Volumen

Aunque el aula sea pequeña, se tiene que realizar el esfuerzo de hablar lo suficientemente alto para que todos los alumnos oigan las explicaciones y, a la vez, transmitir confianza. En general, el volumen se ajustará instintivamente cuando se compruebe dónde se sitúa la persona que se encuentra más alejada.

Entonación

El problema más frecuente, especialmente si se está cansado, es la monotonía, que no contribuye a captar la atención ni a motivar a los alumnos.

El interés que el formador muestre por el tema y una correcta preparación le hará destacar los puntos clave y jugar con la entonación de una forma adecuada a lo largo de toda la exposición.

Pronunciación

Los problemas se presentan especialmente cuando se está nervioso o se habla demasiado rápido. Se debe hacer un esfuerzo por articular todas las palabras de manera limpia y clara, abriendo la boca lo suficiente para pronunciar correctamente las sílabas, consonantes y vocales.

Velocidad

Una velocidad correcta puede ayudar a resolver problemas de pronunciación y de entonación. Se debe hablar a una velocidad normal o algo superior, para facilitar el mantenimiento de la atención. No obstante, si se está nervioso, se puede hablar con mayor lentitud para facilitar la respiración y relajarse. También se debe reducir la velocidad cuando se expliquen conceptos técnicos complejos o cuando se espere alguna respuesta por parte de los alumnos.

Recuerde

Los elementos que trata la Paralingüística son:

- El volumen.
- La entonación.
- La pronunciación.
- La velocidad.

Proyección física

Existen determinados factores que, sin que la persona diga ni haga nada, transmiten información y hacen referencia a la imagen física que esta persona proyecta.

Es fundamental que el formador transmita una imagen positiva para los alumnos. Se debe cuidar el aspecto externo y los artefactos que se usen, como los adornos y prendas de vestir. La manera adecuada de vestir depende de la situación y siempre debe estar en consonancia con lo que cada colectivo de alumnos espera del formador.

Ejemplo

Sería negativo vestir pieles para impartir un curso cuyo objetivo fuese desarrollar actitudes positivas hacia la protección del medio ambiente.

En cualquier caso, se debe llevar ropa que resulte cómoda, bien cuidada y no demasiado llamativa. A los adornos y al peinado se aplican las mismas reglas que al vestido.

Un objetivo fundamental del formador es dirigir la atención de los alumnos hacia el contenido que está desarrollando, nunca hacia su persona.

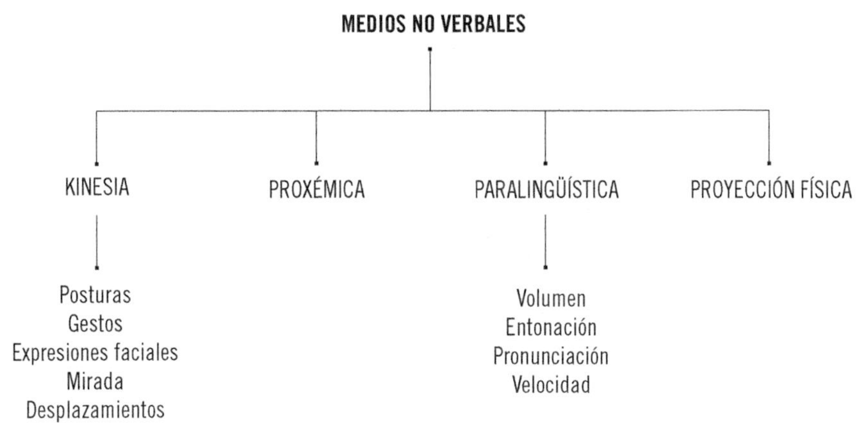

Finalmente, conviene recordar que si el formador observa atentamente la comunicación no verbal que expresan los alumnos, obtendrá una gran cantidad de información.

Hay numerosos signos no verbales que puede mostrar el alumno:

- **Atención:** posturas del cuerpo (inclinado hacia delante, hacia atrás...).
- **Necesidad de hablar:** movimientos sutiles de la boca, de la mano, etc.
- **Irritación:** movimiento de pies, manipulación de objetos sobre la mesa, etc.

- **Concentración:** tomar apuntes, mirar al docente, etc.
- **Cansancio:** cuerpo hundido, suspiros, etc.
- **Inercia:** silencios de todo el grupo, etc.
- **Desinterés:** cerrar el cuaderno, bostezar, mirar al vacío, etc.
- **Sorpresa:** levantar los brazos, abrir la boca, levantar las cejas, abrir los ojos, etc.

Si se observan estos elementos de forma atenta, se podrá obtener información sobre la comprensión del mensaje y el estado emocional de los alumnos, lo que será de gran utilidad para el formador durante el curso.

La comunicación no verbal aporta información al formador sobre los alumnos

5. Técnicas de secuenciación de contenidos

Una vez seleccionados los contenidos, hay que ordenarlos secuencialmente. La **secuenciación y estructuración de los contenidos** es el proceso que permite situarlos en una configuración que produce el máximo aprendizaje en el mínimo tiempo posible.

Algunas de las técnicas para la secuenciación de contenidos son las siguientes:

- Que los contenidos estén de acuerdo con los objetivos propuestos y con los plazos previstos para conseguirlos.

- Empezar por los contenidos más próximos y significativos para el alumno, para llegar poco a poco a lo desconocido. De esta manera, resultará más fácil introducir los nuevos contenidos.
- Ir de lo inmediato a lo remoto.
- Ir de lo concreto a lo abstracto.
- Ir de lo más fácil a lo más difícil. Esto motiva al alumnado porque le va mostrando los avances de manera rápida.

Las principales ventajas que este proceso conlleva son:

- Ayuda al participante a pasar de un conocimiento o habilidad a otro.
- Garantiza que los conocimientos y habilidades previas son alcanzados antes de introducir elementos nuevos.
- Reduce el tiempo de formación.
- Evita la confusión y los fallos en el participante.

Estos puntos son los principales aspectos a tener en cuenta cuando se realiza la presente fase de la programación de la formación, es decir, cuando se fijan los contenidos de la formación.

6. La selección y planificación de estrategias didácticas

Las personas que realizan un curso de formación son diversas, por ello es muy importante que las estrategias didácticas se adapten, de la mejor forma posible, al contexto y permitan una flexibilidad.

Definición

Estrategias didácticas
Son procedimientos que el formador emplea para facilitar el aprendizaje, con la intención de que éste sea significativo.

Tras la selección y estructuración de contenidos, llega el momento de decidir la modalidad de formación a seguir y la metodología a utilizar en su impartición. Pero esta decisión no se puede tomar arbitrariamente, sino que ha de basarse en unos criterios. Los criterios de decisión básicos para determinar qué estrategia y qué método de formación es el adecuado, son:

- La compatibilidad con los objetivos.
- Los principios generales del aprendizaje del adulto: individualización, motivación, utilidad, practicidad, intereses, etc.
- Los principios de rigor, realismo y participación.
- El carácter eminentemente aplicativo de los aprendizajes.
- La posibilidad de transferir los aprendizajes al puesto de trabajo.
- Los recursos disponibles, incluido el tiempo.
- Los factores relacionados con los participantes, como el estilo de aprendizaje, la edad, el tamaño del grupo, la motivación, etc.

Una vez escogido el método, se observa que ninguno es químicamente puro, sino que unos participan de otros. Por lo demás, todo método puede ser adecuado o inadecuado dependiendo del modo en que sea empleado.

Los formadores deben utilizar los métodos flexiblemente, de la forma que mejor se adapten al estilo de formación, a la materia y a los alumnos, complementando cada método con la técnica y recurso didáctico más acorde.

7. La selección y planificación de medios y recursos didácticos

Para realizar cualquier acción formativa, hace falta algo más que elegir y aplicar unos métodos y unas técnicas. Son necesarios los medios y recursos didácticos, que van a ayudar a desarrollar la metodología seleccionada en el aula. Los medios y recursos didácticos permiten el trasvase de información formador-alumno.

Definición

Medios didácticos
Son materiales elaborados para facilitar los procesos de enseñanza-aprendizaje.

Recursos didácticos
Son soportes mediante los cuales se presentan los contenidos del curso a los alumnos.

A la hora de escoger el medio o recurso a utilizar, se deben tener en cuenta los siguientes criterios:

- **Características de la materia o tema.** Dependiendo de la naturaleza de los contenidos, éstos pueden ser transmitidos por unos u otros métodos.
- **Los objetivos del curso.** Toda selección de medios y estrategias de enseñanza deben realizarse en función de éstos.
- **La disposición del aula y el número de alumnos.** Hay que tener cuidado, sobre todo en la visibilidad de alguno de los recursos, porque pueden perder eficacia.
- **Tiempo disponible para la formación.** Este elemento tiene que estar siempre presente, porque, en función del tiempo que se tenga, se elegirá lo que se adapte mejor a las necesidades.
- **Recursos disponibles,** ya que en algunas ocasiones están a nuestro alcance.
- **El uso que se haga de ellos,** cuál es la finalidad, qué es lo que se pretende y en qué momento se van a utilizar.
- **El nivel de conocimiento de los alumnos** sobre el tema.

Todos estos puntos se han de tener en cuenta a la hora de escoger un medio o recurso didáctico. La finalidad de éstos no es otra que la de fundamentar, apoyar y reforzar el acto formativo.

8. La planificación de la evaluación del proceso de enseñanza-aprendizaje

La aplicación de programas de formación lleva a la obtención de unos determinados resultados. Éstos serán los frutos de la formación y mostrarán el grado de eficacia y eficiencia con que se lleva a cabo la función formativa.

Los resultados indican el éxito de la formación mediante su contraste con los objetivos fijados anteriormente. Este procedimiento recibe el nombre de **evaluación,** proceso ampliamente conocido y con trascendencia reconocida para la formación. Según el proceso de evaluación aplicado, los resultados obtenidos serán reales y fiables, o bien, falseados.

Para que los resultados de la evaluación muestren con certeza el grado de éxito alcanzado con la formación, es necesario un requisito previo: el establecimiento de criterios de evaluación durante el proceso de planificación de la formación. Los criterios actúan como puntos de referencia, a partir de los cuales se valoran los resultados obtenidos.

Los criterios de evaluación han de fijarse con mucha atención, ya que determinan el proceso de evaluación, y éste juzga el grado de éxito de la función formativa.

El primer aspecto a tener en cuenta es la validez: los criterios de evaluación han de ser válidos en relación a los elementos del proceso formativo.

Los aspectos que determinan el grado de validez de los criterios de evaluación son:

- La relevancia.
- La no deficiencia.
- La no contaminación.
- Su fiabilidad.

El establecimiento de criterios válidos y fiables permitirá elaborar un proceso de evaluación de la formación que mida rigurosamente la eficacia y la eficiencia de la función formativa.

9. El seguimiento formativo

El seguimiento es un proceso continuo que sirve para evaluar la eficacia del uso de los recursos y para saber qué iniciativas se pueden emprender para mejorar el aprovechamiento de los recursos formativos.

El seguimiento, además de realizarse después de haber finalizado la planificación formativa, también se realiza antes de la acción.

9.1. Características

El seguimiento formativo permite evaluar los distintos componentes (desde los alumnos hasta todos los elementos que forman la programación) que intervienen en él durante todo el proceso de formación.

El seguimiento formativo se diferencia de la evaluación en que éste tiene que ver más con tareas organizativas, de coordinación, administrativas, etc.; sin embargo, la evaluación valora aspectos de los procesos de formación, como pueden ser la comunicación, el aprendizaje de los nuevos conocimientos, etc.

Con la realización adecuada de un seguimiento formativo:

- Se pueden **descubrir errores o desajustes** en el proceso de enseñanza-aprendizaje antes de que se realice la evaluación final para comprobarlos.
- Se pueden **corregir los errores** en el momento en el que se están produciendo.
- Además, **se detectan los aspectos positivos** que tienen lugar a lo largo de todo el proceso y las **posibles mejoras** que se pueden realizar.

El seguimiento formativo tiene que ser realizado por todas las personas que están implicadas en la realización de los cursos de formación (tutores, coordinadores, técnicos, etc.), por ello, el formador es una figura importante en el proceso de formación, ya que se encuentra implicado en él.

El proceso de formación debe estar planificado, pensado y planteado antes de que empiece la acción de formación, nunca debe llevarse a cabo de manera cerrada, sino que tiene que estar abierto a cualquier cambio que se considere necesario.

9.2. Finalidad

Son varias las finalidades que persigue el seguimiento formativo:

- Ayudar a comprender por qué ocurren algunas cosas y qué se puede hacer para intervenir en ese proceso que se está llevando a cabo.
- Identificar y solucionar los problemas que surgen a lo largo del proceso.
- Contribuir para elaborar planes de formación de manera objetiva, sin desviarse de la finalidad éste.
- Colaborar en la disminución y control del uso de los recursos materiales.
- Determinar el nivel que puede alcanzar el rendimiento y relacionarlo con el rendimiento actual.
- Diagnosticar y detectar problemas para llevar a cabo las acciones correctivas pertinentes.

9.3. Planificación

El seguimiento formativo debe planificarse antes y durante la acción formativa.

El objetivo de este seguimiento es comprobar la eficacia de la acción formativa antes de que ésta llegue a su fin, es decir, es necesario que durante este proceso todos los elementos que van a formar parte del aprendizaje estén planificados.

Los dos momentos que hay que tener en cuenta para planificar el seguimiento formativo son:

- **Antes de la acción formativa:** es necesario conocer las necesidades, el perfil del alumno, qué materiales, instrumentos, recursos, medios didácticos se van a usar.

- **Durante la acción formativa:** aquí el seguimiento se utiliza para comprobar los posibles errores y mejoras que se pueden llevar a cabo. Ofrece la posibilidad de poder modificar aquellas acciones o medios que dificultan el avance del aprendizaje.

10. Instrumentos para el seguimiento

A lo largo de un ciclo formativo pueden suceder errores y surgir problemas, esto abarca desde la identificación de necesidades hasta la planificación, el diseño, la implantación y la evaluación. Por todo esto, es importante saber cuál es la causa del problema y saber tomar las medidas oportunas para que no se origine nuevamente.

Para detectar el origen del problema, siempre se necesita una información determinada, ésta sólo se puede obtener mediante técnicas que ayuden a obtenerlas, es decir, que permitan recabar y analizar los datos obtenidos.

Para el seguimiento del proceso de enseñanza-aprendizaje, se pueden confeccionar diferentes tipos de instrumentos de evaluación, como pueden ser los cuestionarios y utilizar la observación directa, etc., si el tipo de formación lo permite (presencial o semipresencial). Estos instrumentos variarán según el tipo de datos que se quiera conseguir.

Un ejemplo de plantilla para recoger y analizar la información podría ser esta:

CURSO:		**1º Módulo**	**2º Módulo**	**3ºMódulo**
Objetivos del módulo	Suficiente			
	Insuficiente			
	Adecuado			
	Inadecuado			

Continúa en página siguiente >>

<< Viene de página anterior

CURSO:		1º Módulo	2º Módulo	3ºMódulo
Contenidos del módulo	Suficiente			
	Insuficiente			
	Adecuado			
	Inadecuado			
Metodología	Suficiente			
	Insuficiente			
	Adecuado			
	Inadecuado			
Actividades y recursos	Suficiente			
	Insuficiente			
	Adecuado			
	Inadecuado			
Recursos materiales	Suficiente			
	Insuficiente			
	Adecuado			
	Inadecuado			
Recursos humanos	Suficiente			
	Insuficiente			
	Adecuado			
	Inadecuado			
Proceso de evaluación	Suficiente			
	Insuficiente			
	Adecuado			
	Inadecuado			
Nivel de satisfacción del alumnado	Suficiente			
	Insuficiente			
	Adecuado			
	Inadecuado			

Para el seguimiento del aprendizaje, como la información que se obtiene es de diferente índole, se recogerá mediante la aplicación de las técnicas seleccionadas y elaboradas para la evaluación de cada uno de los aspectos planteados (observación directa de los trabajos, participación, cuestionarios acerca de la motivación y satisfacción del alumnado, etc.).

Por ejemplo, los contenidos que se podrían incluir en la "parrilla" de análisis son los siguientes:

CURSO		1er Módulo	2º Módulo	3er Módulo
Conceptos (comprende los contenidos conceptuales)	Con facilidad			
	Con normalidad			
	Con dificultad			
Procedimientos (aplica y desarrolla los contenidos procedimentales)	Con facilidad			
	Con normalidad			
	Con dificultad			
Actitudes (manifiesta las actitudes adecuadas a los contenidos)	Con facilidad			
	Con normalidad			
	Con dificultad			
Motivación y participación	Con facilidad			
	Con normalidad			
	Con dificultad			
Satisfacción del alumno	Con facilidad			
	Con normalidad			
	Con dificultad			

Dos de las herramientas básicas son:

- **Los diagramas de flujo:** éstos sirven para desglosar en forma de componentes, para presentar una clara imagen de lo que ocurre.
- **Los checklists:** éstos son especialmente útiles para garantizar que se han realizado todas las acciones necesarias. Es otro método de ayuda orientado a los formadores y participantes para preparar, utilizar y solucionar los problemas del equipamiento.

Otros métodos de seguimiento y control que pueden ayudar en la formación son:

- Las reuniones formales e informales.
- Pasar un informe de las sesiones, cuestionarios de satisfacción o formularios de evaluación del curso.
- Entrevistas de evaluación.

Recuerde

Algunos de los instrumentos de seguimiento más utilizados son:

- Cuestionario de satisfacción
- Cuestionario de motivación
- Observación directa
- Reuniones formales e informales
- Entrevistas de evaluación

11. Metodología de la evaluación del diseño de formación

Los métodos empleados en la evaluación siempre suelen son los mismos, independientemente de que se evalúen los objetivos, los contenidos, los recursos, etc. A pesar de esto, hay que tener en cuenta que no se deben utilizar todos los métodos que se van a nombrar, sino que todo dependerá de lo que se esté evaluando.

Los métodos más frecuentes son:

- Observación sistemática.
- Observación mediante observadores externos o internos del grupo.
- Análisis de trabajo.
- Entrevistas personales.
- Situaciones de simulaciones.

- Diálogos, debates.
- Cuestionarios específicos.
- Inventarios.
- Grabaciones en vídeo.
- Etc.

11.1. Evaluación de los objetivos

Cuando se diseña el programa formativo, se deben concretar los objetivos que serán objeto de evaluación al finalizar el curso, para comprobar si éstos se han alcanzado o no.

Los objetivos marcan aquellos aspectos claves que debe adquirir el alumno para alcanzar unas competencias determinadas. Éstos determinarán lo que el alumno será capaz de saber y saber hacer al acabar el curso, en unas condiciones dadas y con unos medios determinados.

Si, al finalizar el curso, se observa que los objetivos no se han cumplido en su totalidad, hay que analizar cuál ha sido la causa de este error y corregirlos. Si se han cumplido los objetivos, habrá que determinar los motivos de éxito, para volver a ponerlos en práctica en futuros cursos.

Los objetivos marcados al inicio de la formación sirven para:

- Dirigir la formación, es decir, saber hacia dónde se quiere llegar con ésta.
- Comprobar qué se ha logrado.
- Facilitar la evaluación, ya que se sabe cuáles son los objetivos que hay que evaluar.
- Reorientar la formación en el mismo momento que se está realizando.
- Elegir los métodos más adecuados para la formación.

La evaluación de los objetivos debe medirse atendiendo a:

- **Objetivos generales:** son utilizados para saber cuáles son las competencias generales.
- **Objetivos específicos:** parten de los objetivos generales.

- **Objetivos operativos:** son derivados de los específicos. Son objetivos más concretos y siempre deben estar relacionados con actividades u operaciones determinadas. Son los más fáciles de medir.

Ejemplo

Objetivos específicos para evaluar un curso de primeros auxilios:

- Aprender los conceptos básicos y generales de los primeros auxilios.
- Adquirir las habilidades y aplicar los principios de actuación para poder reaccionar adecuadamente en situaciones de urgencia.
- Conocer los aspectos jurídicos relacionados.

11.2. Evaluación de los contenidos

La evaluación de los contenidos se realizará para comprobar si los objetivos que se habían marcado al principio de la formación se han logrado, así como para eliminar aquellos contenidos que no aportan nada al curso.

Se debe tener siempre en cuenta que se puede lograr un mismo objetivo de formación utilizando diversos contenidos.

Para evaluar los contenidos, hay que comprobar si se ha seguido una secuencia lógica a la hora de impartirlos. Esta secuencia permite que los contenidos sean adquiridos por los alumnos de una manera más significativa, es decir, facilita el aprendizaje de los mismos.

Para que la evaluación de los contenidos resulte positiva, éstos deben ir expuestos:

- De acuerdo con los objetivos propuestos y con los plazos previstos para conseguirlos.
- De lo conocido a lo desconocido.

- De lo inmediato a lo remoto.
- De lo concreto a lo abstracto.
- De lo fácil a lo difícil.

Otro aspecto a tener en cuenta para que la evaluación de los contenidos sea positiva, es que éstos se deben estructurar adecuadamente, por ejemplo, mediante módulos, unidades didácticas, etc. Éstas tienen que abarcar los conocimientos, las habilidades y las actitudes que capacitan al alumno para poner en práctica las funciones que desempeñará en su puesto de trabajo. Por lo general, se pueden constituir equivalencias entre objetivos generales y cursos, objetivos específicos y módulos, unidades didácticas, etc. así como entre objetivos operativos y sesión formativa,.

Ejemplo

Siguiendo el ejemplo anterior de primeros auxilios, los contenidos que se evaluarán para comprobar si se han logrado o no los objetivos anteriormente propuestos, son:

- Primeros auxilios: conceptos generales.
- Soporte vital básico (reanimación cardio-pulmonar)-adultos.
- Soporte vital básico-niños.
- Soporte vital instrumental.
- Traumatismos osteoarticulares. Inmovilizaciones (vendajes y férulas improvisadas).
- Movilización de urgencia y posiciones de espera.
- Traumatismos craneales y vertebro-medulares.
- Otras situaciones de emergencia.

11.3. Evaluación de la metodología

La evaluación de la metodología consiste en comprobar que los métodos que se han utilizado son los adecuados para lograr los objetivos formativos, aunque éstos deben ser flexibles a la hora de utilizarlos, ya que deben adaptarse a la materia tratada, a los alumnos, a los recursos disponibles, etc.

Para conseguir que la evaluación de la metodología sea positiva, se deben tener en cuenta las características que se emplean para definir un método. Éstas pueden ser:

- Presentar y mostrar la problemática del tema para que, a través de la reflexión y el esfuerzo, el alumno pueda resolverla.
- Respetar tanto la libertad de expresión como de creación.
- Las actividades que están destinadas al alumno tienen que ser dirigidas por el formador para que el alumno reflexione y participe.
- Motivar al alumno, relacionando los temas con sus intereses, motivaciones y necesidades.
- Organizar los nuevos aprendizajes para que se integren con los ya adquiridos.
- Tener en cuenta las limitaciones y las posibilidades que tiene cada alumno.
- Dar lugar a la acción individualizada a través de tareas que requieran planteamientos y acciones individualizadas.

11.4. Evaluación de actividades y recursos

Las **actividades** son unos elementos que acompañan a los contenidos formativos, ya que éstas refuerzan los contenidos que son expuestos por el formador. Siempre debe existir coordinación entre ambos, para esto se deben seleccionar adecuadamente tanto los métodos como las técnicas.

Para evaluar las diversas actividades que se han desarrollado, hay que formular una serie de preguntas para saber si las actividades han sido eficaces o han fallado en su ejecución. Algunas de estas preguntas pueden ser:

- ¿Qué ha hecho el alumno?
- ¿Ha sabido aplicar los conocimientos necesarios para lograr resolver las actividades?
- ¿Valora y comprende la finalidad de la actividad?
- ¿Ha mostrado interés en la realización de la misma?
- ¿Qué ha aprendido?
- ¿Han sido válidas las actividades?

- ¿Cuáles han fallado? ¿Por qué?
- ¿Se han alcanzado los objetivos?
- Etc.

Junto con las actividades, los recursos también tienen que ser evaluados, ya que de ellos va a depender en cierta manera la eficacia de las actividades. Por eso, en la evaluación de los recursos hay que tener en cuenta la eficacia de aquellos que se han utilizado y cuáles son los que se hubieran necesitado para desarrollar el curso.

Se pueden distinguir varios criterios para evaluar la eficacia de los recursos:

- Su calidad, porque actúa como mediador entre la realidad y la estructura cognitiva del alumno.
- El contexto metodológico, ya que todo va a depender de la metodología usada por el formador.
- Los propios alumnos, sus motivaciones, intereses, etc.
- La experiencia del formador en el manejo de los diversos recursos, sus habilidades, etc.

También es necesario tener en cuenta qué evaluar de los recursos:

- La rentabilidad de éstos.
- El aprovechamiento para distintas finalidades.
- El mantenimiento.
- La actualización, deben adaptarse a las nuevas tecnologías.
- La adecuación al proceso de enseñanza-aprendizaje.
- Posibilitar la acción, estimular y responder a las curiosidades presentes en el alumnado.

11.5. Evaluación del formador

La figura del formador es muy importante a lo largo de todo el proceso formativo, ya que, en cierta manera, el éxito o el fracaso de la formación recae sobre él, por lo tanto, es imprescindible conocer previamente a la persona que va a impartir un curso.

El formador es el mediador entre los contenidos y los alumnos, por lo que debe evaluarse de forma continua y a lo largo de todo el proceso de enseñanza-aprendizaje, así como al final del proceso, momento en que se comprobará si los métodos y estrategias que ha diseñado y utilizado han sido los adecuados, introduciendo posibles modificaciones para las prácticas futuras.

La evaluación del formador se puede realizar desde varias vertientes, en cada una de ellas se evalúan aspectos diferentes, pero todas persiguen el mismo fin, que es fomentar la calidad de la formación.

Evaluación realizada por los alumnos

Los alumnos pueden evaluar aspectos como la relación del formador con los alumnos, la organización de las sesiones, el control de clase, la efectividad de la enseñanza, etc.

En la siguiente tabla se muestra un cuestionario a modo de ejemplo:

Marque la opción que más se adecúe a las características que prevalecieron a lo largo del curso
1. Las oportunidades que tuve para realizar preguntas en clase fueron: a. Frecuentes b. Regulares c. Escasas d. Muy escasas
2. El interés que mostró el formador respecto a los alumnos fue: a. Satisfactorio b. Regular c. Poco d. Muy pobre
3. El clima existente en el aula fue: a. Bueno b. Regular c. Tenso d. Malo

Continúa en página siguiente >>

<< Viene de página anterior

Marque la opción que más se adecúe a las características que prevalecieron a lo largo del curso

4. En la prueba final se evaluaban los contenidos dados a lo largo del curso:
   a. Sí
   b. No

5. El material presentado en el curso fue:
   a. Original
   b. Poco original
   c. Nada original

6. Las actividades que realicé para asimilar los contenidos fueron:
   a. Útiles
   b. Regulares
   c. Pobres
   d. Inútiles

7. El contenido marcado para el curso se expuso en su totalidad:
   a. Sí
   b. No

8. El grupo de alumnos afectó a mi aprendizaje:
   a. De manera positiva
   b. De manera negativa
   c. No me afectó

9. El material audiovisual me pareció:
   a. Atractivo
   b. Regular
   c. Inadecuado

10. Los procesos, problemas y soluciones experimentados en el trabajo en grupo fueron:
   a. Bien planteados
   b. Regular planteados
   c. Mal planteados

11. Las exposiciones por parte del docente me parecieron:
   a. Buenas
   b. Regulares
   c. Malas

Continúa en página siguiente >>

<< Viene de página anterior

Marque la opción que más se adecúe a las características que prevalecieron a lo largo del curso
12. La actuación del profesor durante el curso evidenció: a. Un elevado conocimiento de la materia b. Un mediano conocimiento c. Un escaso conocimiento
13. El profesor supo controlar las conductas perturbadoras sucedidas a lo largo del curso de forma: a. Eficaz b. Regular c. Ineficaz
14. El ritmo que siguió el profesor al exponer los contenidos me pareció: a. Muy bueno b. Satisfactorio c. Monótono
15. La secuencia de presentación de los contenidos del curso fue: a. Lógica b. Regular c. Arbitraria
16. La actuación del profesor despertó interés y motivación: a. Muchas veces b. Algunas veces c. Pocas veces d. Ninguna vez

Evaluación realizada por el propio formador

En esta evaluación, el formador va a evaluar la preparación del curso, el desarrollo del mismo, y también realizará una evaluación propia de su actuación como formador.

En la siguiente tabla se muestra un cuestionario a modo de ejemplo:

Marque la opción que más se adecúe a las características que prevalecieron a lo largo del curso

A. PREPARACIÓN DEL CURSO

1. ¿Cómo ha sido el tiempo con el que ha contado?
   a. Suficiente
   b. Insuficiente

¿Por qué? ____

2. ¿Cómo considera la distribución de las sesiones del curso?
   a. Adecuadas
   b. Inadecuadas

¿Por qué? ____

3. ¿Ha dispuesto de las guías didácticas del curso?
   a. Sí
   b. No

¿Por qué? ____

4. ¿Ha dispuesto de los recursos necesarios para la preparación de sus sesiones?
   a. Sí
   b. No

¿Cuáles le han hecho falta? ________________________________

5. Teniendo en cuenta su nivel de formación, ¿ha necesitado apoyo por parte de la dirección del curso?
   a. Sí
   b. No

¿Cómo ha sido el apoyo? __________________________________

B. DESARROLLO DEL CURSO

6. ¿El desarrollo de las sesiones (distribución y tiempo) se ha correspondido con la planificación prevista?
   a. Sí
   b. No

7. ¿La metodología utilizada para el desarrollo de las sesiones ha propiciado la participación e implicación del alumnado?
   a. Sí
   b. No

¿Por qué? ____

Continúa en página siguiente >>

<< Viene de página anterior

Marque la opción que más se adecúe a las características que prevalecieron a lo largo de curso

8. ¿Considera que el clima del curso ha sido el adecuado?
   a. Sí
   b. No

¿Por qué? ____

9. ¿El contexto donde se ha desarrollado el curso ha sido adecuado y oportuno?
   a. Sí
   b. No

¿Por qué? ____

10. ¿Ha conseguido los objetivos propuestos?
   a. Sí
   b. No

¿Por qué? ____

C. AUTOEVALUACIÓN

11. Evalúe de 1 a 4 los siguientes apartados relacionados con su intervención como formador, donde:
    1. Considero imprescindible mejorar mi formación en este aspecto.
    2. Considero necesario mejorar mi formación en este aspecto.
    3. Cuento con recursos necesarios para el desarrollo ajustado del curso, pero podría encontrar dificultades si éste cambia el rumbo prefijado.
    4. Mi formación al respecto es adecuada y dispongo de recursos suficientes para el desarrollo óptimo del curso.

	1	2	3	4
Dominio de los contenidos				
Metodología/didáctica empleada				
Comunicación con el alumnado				
Trabajo en equipo				

D. AMPLIACIÓN

Puede anotar a continuación cualquier aportación que desee realizar y no haya sido considerada en este cuestionario.

____

____

11.6. Tipos de evaluación

Existen diferentes tipos de evaluación, cada una se aplicará atendiendo a diferentes criterios.

Según su finalidad o función de la evaluación

Diagnóstica

Esta evaluación, como su nombre indica, tiene un carácter diagnóstico, ya que permite que se conozcan las potencialidades del alumno. De esta manera, la actividad didáctica se dirige de forma más efectiva.

Formativa

Se utiliza como estrategia para mejorar y ajustar los procesos formativos en el momento que se están llevando a cabo, para alcanzar las metas y los objetivos marcados. La evaluación formativa es aplicable a la evaluación de procesos.

Sumativa

Se aplica a la evaluación de productos terminados, es decir, se sitúa concretamente cuando finaliza un proceso, cuando éste se considera acabado. Su propósito es determinar el grado en que se han conseguido los objetivos establecidos, para evaluar de forma positiva o negativa el resultado. Esta evaluación permite tomar medidas tanto a medio como a largo plazo.

Según el momento de aplicación de la evaluación

Inicial

Se produce al principio del proceso de enseñanza-aprendizaje. La función que tiene la evaluación inicial es identificar el nivel de conocimientos que tienen los alumnos que inician un curso y, de esta manera, comprobar si los alumnos cuentan con los conocimientos necesarios para comenzarlo, y determinar si es posible impartirlo de acuerdo al programa formativo o si se requiere alguna modificación.

Procesual

La evaluación procesual se basa en valorar, de forma continua, el aprendizaje de los alumnos y la enseñanza del profesor, a través de la recogida sistemática de datos, toma de decisiones, etc.

La evaluación procesual es totalmente formativa, ya que, al favorecer la recogida continua de datos, permite tomar decisiones en el mismo momento que se considere necesario.

Los resultados que se obtienen forman la base permanente para el formador a la hora de programar las actividades diarias, así como para establecer las actividades y los procedimientos más apropiados. De esta manera, se evitan las dificultades que se puedan producir en los aprendizajes que se están llevando a cabo. La finalidad de todo esto es evitar errores y vacíos en los aprendizajes posteriores.

Final

La evaluación final es aquella que se realiza al finalizar la formación, por lo tanto ésta recoge y valora los resultados obtenidos a lo largo de un periodo formativo.

Según su extensión

Global

Tiene en cuenta todos los elementos y procesos que guardan relación con todo lo que es objeto de evaluación. Por ejemplo, si se trata de evaluar el proceso de aprendizaje de los alumnos, esta evaluación se centra en todas las áreas en general, pero sobre todo en los diversos tipos de contenidos de enseñanza (conceptos, procedimientos, valores, normas, etc.).

Parcial

Esta evaluación no se realiza de manera global, sino que se lleva a cabo por partes, es decir, evalúa los componentes que más interesan.

Según los agentes que realizan la evaluación

Autoevaluación o evaluación interna

Es el proceso sistemático mediante el cual una persona o grupo examina y valora sus procedimientos, comportamientos y resultados, para identificar qué quiere corregir o modificar en él. La evaluación interna muestra que los alumnos están más motivados a la hora de realizar una tarea difícil. La puesta en práctica de la autoevaluación no conlleva que el profesorado abandone sus funciones, sino que implica una concepción diferente de la enseñanza.

La autoevaluación ofrece al estudiante ayuda para descubrir sus necesidades, cantidad y calidad de su aprendizaje, causas de sus problemas, dificultades y éxitos en el estudio. De esta manera, el alumno puede conocerse de manera más concreta.

Heteroevaluación o evaluación externa

La evaluación externa es realizada o llevada a cabo por otra persona que no es el protagonista del aprendizaje. En esta evaluación, lo más frecuente es que el profesor evalúe al alumno.

TIPOS DE EVALUACIÓN	
Según su finalidad o función	- Diagnóstica - Formativa - Sumativa

Continúa en página siguiente >>

<< Viene de página anterior

TIPOS DE EVALUACIÓN	
Según su momento de aplicación	- Inicial - Procesual - Final
Según su extensión	- Global - Parcial
Según los agentes que la realizan	- Autoevaluación o evaluación interna - Heteroevaluación o evaluación externa

Bloque 2

Solucionarios de ejercicios de repaso y autoevaluación

Contenido

Solucionario 1

Proyectos de productos editoriales multimedia

Solucionario Capítulo 1

1. **De las siguientes frases, indique cuál es verdadera o falsa.**

   a. La revolución digital ha traído consigo un ahorro de los costes de producción.

   ☑ **Verdadero**
   ☐ Falso

   b. La creación de contenidos digitales permite la distribución del producto a cualquier lugar del mundo sin reparar en gastos.

   ☑ **Verdadero**
   ☐ Falso

2. **De las siguientes frases, indique cuál es verdadera o falsa.**

   a. La pizarra digital usada en aulas y sensible al tacto no permite hacer anotaciones sobre la superficie rígida.

   ☐ Verdadero
   ☑ **Falso**

   b. Los cambios en el sector editorial hacia el multimedia traen consigo la necesidad de profesionales más especializados.

   ☑ **Verdadero**
   ☐ Falso

3. **Relacione las siguientes herramientas con sus dispositivos de reproducción o medio.**

   a. APP.
   b. Libro digital.
   c. DVD Multimedia.
   d. Noticia *online*.

b. *E-book.*
c. Reproductor DVD.
a. Teléfono inteligente / tableta.
d. Periódico digital.

4. **Describa en pocas líneas en qué consiste el *E-Learning*.**

Es un tipo de educación a distancia de manera virtual, a través de internet, entre dos o más personas que se encuentran en localizaciones distintas. Para ello, se utilizan herramientas de hipertexto, pagínas web didácticas o plataformas de formación *online.*

5. **Enumere cinco productos multimedia vistos a lo largo del capítulo.**

Página web, aplicación de móvil, DVD multimedia, libro electrónico y periódico digital.

6. **Complete la siguiente oración.**

El libro impreso es más caro que el libro digital, ya que sobre el consumidor repercute el **20 %** de los costes de impresión, el **10 %** de distribución física y el **30 %** de la gestión de los puntos de venta.

7. **¿Está en aumento la reedición y reimpresión de libros? Si no es así, ¿qué porcentaje interanual de bajada sufre el sector editorial clásico?**

La reedición y reimpresión de libros sufre una bajada del 15 % interanual desde el año 2011.

8. **Las producciones multimedia de comienzos de los años 90 eran muy limitadas en gráficos y se reproducían únicamente en...**

a. ... dispositivos móviles.
b. ... la pantalla del ordenador.
c. ... pizarras digitales.
d. ... páginas web.

9. Indique cuál de las siguientes medidas no es una ventaja con que cuenta el producto editorial multimedia.

a. Reducción de costes de producción y distribución digital.
b. Flexibilidad y movilidad.
c. Actualización permanente.
d. Ausencia de personalización.

10. Enumere otros cuatro aspectos del producto editorial multimedia.

Multiplataforma, dispositivos con alta calidad de reproducción de audio y video, gran capacidad de almacenamiento, aumenta la retención de la información.

11. ¿Cuáles son las cuatro informaciones que, como mínimo, hemos de conocer antes de entregar a un cliente un presupuesto sobre la creación de un producto multimedia?

Viabilidad técnica del proyecto, estimación de duración de las distintas fases de producción, los medios que necesitaremos para trabajar y cómo será el aspecto final del producto.

12. ¿Cuál fue la cifra de facturación del sector editorial multimedia español en el año 2011?

708 millones de euros.

13. ¿Cuál es el porcentaje de ahorro de dinero para una empresa que ha previsto la internacionalización del producto durante las primeras fases de producción?

Entre el 40 y el 60 %.

14. De la siguiente lista de *software* de edición, ¿cuál no se usa en creación web?

a. *Muse.*
b. *Dreamweaver.*
c. *Flash.*
d. *Premiere.*

15. Defina brevemente los conceptos Derechos de Autor y Gestión de Derechos Digitales.

El Derecho de Autor es un conjunto de normas jurídicas y principios que regulan los derechos morales y patrimoniales que la Ley concede a los autores de la creación de una obra literaria, artística, musical, científica o didáctica.

La Gestión de Derechos Digitales, DRM con sus siglas en inglés, define las tecnologías de control de acceso a obras que son propiedad de editoriales y de creadores digitales con propiedad de Derechos de Autor para el uso de los contenidos en dispositivos móviles o en otros medios digitales. Previene la duplicación de la obra sin autorización del creador y se articula a través de metodologías de restricción de acceso o copia.

Solucionario Capítulo 2

1. **De las siguientes frases, indique cuál es verdadera o falsa.**

   a. El DVD como elemento óptico de almacenaje de datos posee menor capacidad que el CD-ROM.

      ☐ Verdadero
      ☑ **Falso**

   b. Las tabletas permiten el acceso a correo electrónico y geolocalización mediante la conexión wifi, 3G o 4G.

      ☑ **Verdadero**
      ☐ Falso

2. **Relacione los siguientes sistemas operativos con su principal proveedor.**

   a. iOS.
   b. Windows 8.
   c. Android.

   a. Apple.
   c. Google.
   b. Microsoft.

3. **La televisión interactiva con capacidad de conectarse a internet...**

   a. ... no puede reproducir contenidos que no sean por reproductor de DVD.
   b. ... no permite la conexión a redes sociales.
   c. ... tiene capacidad para conectar con radio digital terrestre y online.
   d. ... no permite la instalación de aplicaciones descargadas de internet, como en el caso de los teléfonos inteligentes.

4. **Busque en la siguiente sopa de letras tipos de formatos de archivos.**

S	H	S	I	L	**F**	**D**	**P**
W	T	E	S	I	J	O	E
F	A	M	Q	C	U	B	A
L	N	**W**	M	**J**	**P**	**G**	C
I	Q	O	**A**	N	U	L	T
V	U	Z	L	**V**	U	T	O
A	E	O	T	M	Q	S	R

5. **Cite los ochos requisitos no funcionales más comunes en cualquier producto multimedia.**

Apariencia atractiva, intuitiva e interactiva; usabilidad, rendimiento, portabilidad, respeto por los acuerdos y normativas de los países de producción y distribución; confiabilidad; mantenimiento y recursos técnicos.

6. **Complete la siguiente oración.**

La planificación de un proyecto multimedia permite **revisarlo,** reconducirlo, efectuar **correcciones,** además de controlar el **tiempo** y la **evalución** de recursos.

7. **¿Qué requisitos mínimos ha de cumplir un software informático para la gestión y planificación de proyectos?**

Informar sobre la lista de tareas por personas, contar con una lista de planificación de recursos; aportar información sobre el tiempo estimado para cada tarea; ofrecer posibilidad de configuración de advertencias tempranas de posibles riesgos para el desarrollo del proyecto; ofrece información sobre la carga de trabajo de cada grupo; tiene en cuenta los días festivos y libres del personal, así como sus vacaciones; también informa sobre el progreso de proyectos similares desarrollados con anterioridad, si son cargados en la herramienta.

8. El diagrama de flujo de historia interactiva...

a. ... tiene un guion cerrado y encorsetado.
b. ... no permite al usuario crear ni recrear la historia mediante sus propias decisiones.
c. ... no tiene un orden cronológico establecido para avanzar en los contenidos.

9. La usabilidad...

a. ... mide el ciclo vital de un producto, que se agota o estropea tras un número determinado de usos.
b. ... determina el modo en que un usuario encuentra accesible un producto.
c. ... es directamente proporcional al grado de aceptación que tendrá un producto en el mecado extranjero.
d. ... se relaciona con la facilidad con que el usuario o usuarios pueden utilizar el producto para alcanzar un objetivo concreto.

10. ¿En qué consiste el Reconocimiento Óptico de Caracteres?

Es un proceso dirigido a la digitalización de textos, los cuales identifican automáticamente a partir de una imagen símbolos o caracteres que pertenecen a un determinado alfabeto, para luego almacenarlos en forma de datos, así podremos interactuar con estos mediante un programa de edición de texto o similar.

11. Cite dos programas de maquetación digital de contenidos, dos editores de video y dos de software de animación.

Maquetación digital: *Adobe Spark* y *Adobe Dreamweaver;* edición de vídeo, con *Adobe Premiere* y AVID, mientras que para crear animaciones profesionales se usaría *Adobe Animate* y *Adobe After Effects.*

12. Complete la siguiente oración.

En los gráficos vectoriales, las formas gráficas se dibujan sobre una **rejilla** invisible, están formados por **objetos geométricos** independientes, tales como **segmentos**, polígonos, **curvas** de Bèzier o **arcos**.

13. Defina el significado de los caracteres que componen las palabras CYMK y RGB.

El modelo de color CYMK se corresponde con cian, magenta, amarillo y negro, mientras que en RGB los colores principales son rojo, verde y azul.

Solucionario Capítulo 3

1. **De las siguientes frases, indique cuál es verdadera o falsa.**

   a. Las siglas ISO responden a la Organización Internacional de Estandarización.

   ☑ **Verdadero**
   ☐ Falso

   b. Los estándares del Consorcio de la *World Wide Web* (W3C) pertenecen a la categoría de los denominados estándares oficiales.

   ☐ Verdadero
   ☑ **Falso**

   c. Con la aplicación de estándares del W3C se consigue crear una web accesible para todos los usuarios y que funciona en cualquier dispositivo operativo y con conexión.

   ☑ **Verdadero**
   ☐ Falso

2. **Relacione las siguientes siglas con los términos a los que se refieren.**

   a. CSS.
   b. XHTML.
   c. W3C.
   d. HTML.

   b. *Extensible Hyper Text Markup Language.*
   c. *World Wide Web Consortium.*
   a. *Cascade Style Sheets.*
   d. *Hyper Text Markup Language.*

3. **Una especificación técnica o documento desarrollado por una entidad reconocida e independiente que acredita la confianza adecuada de un producto hardware, software o material procesado es:**

   a. Un *plugin.*
   b. Una norma.
   c. Un códec.
   d. Un validador.

4. **Busque en la siguiente sopa de letras tipos de espacios confinados.**

A	H	S	**I**	**S**	**O**	**U**	R
B	T	E	S	I	J	**N**	E
E	A	M	Q	C	U	**E**	**A**
F	N	P	M	N	F	E	**E**
Q	Q	O	A	**C**	**E**	**N**	**N**
M	U	Z	L	E	U	T	**O**
I	E	**D**	**I**	**N**	Q	S	**R**

5. **Enumere los ocho principios de un sistema de calidad de una empresa basado en la Norma ISO 9001.**

Enfoque al cliente, liderazgo del jefe o director de proyecto, participación del personal, enfoque basado en procesos, enfoque basado en sistemas para la gestión, mejora continua, enfoque basado en hechos para la toma de decisiones y relaciones mutuamente beneficiosas con el proveedor.

6. **Complete la siguiente oración.**

El Diseño Centrado en el Usuario es un modelo multidisciplinar para el **diseño** de sistemas interactivos, basado en identificar las **necesidades** y procesos de información conforme a los perfiles de los usuarios de este **sistema.** Sus fundamentos son involucrar activamente a los **usuarios,** ofrecer **soluciones** de diseño iterativas, y efectuar un **diseño** multidisciplinar.

7. **¿Qué beneficios depara la aplicación de estándares de calidad en el proceso de producción multimedia?**

La reducción de fallas en el proceso de producción; la opción de hacer modificaciones, ajustes y cambios para mejorar el proyecto; una mayor satisfacción por parte de los usuarios, ya que llega a sus manos un producto de calidad, además de la identificación de opciones de mejora por parte del empresario y de los trabajadores de cara a un producto más completo y eficiente.

8. ***Card Sorting* es:**

   a. Un juego de cartas utilizado en la empresa para que los empleados se relajen en una parada de la jornada laboral.
   b. Una técnica de categorización de contenidos de forma visual y centrada en el usuario, que muestra la arquitectura de la información para evaluar la funcionalidad y accesibildad de un producto.
   c. Un incentivo de productividad consistente en vales de hoteles para los trabajadores más comprometidos.
   d. Un conjunto de etiquetas que expresa las características y requisitos de un sistema numerado.

9. **Indique cuál de las siguientes medidas no es una prueba empírica y relativa propia del Diseño Centrado en el Usuario (CDU).**

   a. *Card Sorting.*
   b. *Eye-tracking.*
   c. Función booleana en motores de búsqueda.
   d. Test de usuario.

10. ¿Cuáles son los pasos del proceso de verificación de accesibilidad según el estándar UNE ISO 9241-210:2019?

Se centra en identificar la necesidad del Diseño Centrado en el Usuario; entender y especificar el contexto de uso; contrastar el diseño con los requisitos, especificar los requisitos del usuario y de la organización, y evaluar que el sistema los satisface y producir soluciones de diseño.

11. ¿Cuántos usuarios participantes en una evaluación heurística se aconsejan?

Entre tres y cinco.

12. Complete la siguiente oración.

La eficiencia es el **resultado** de comparar la cantidad de recursos, esfuerzo y **tiempo** con la exactitud que se alcanzan los objetivos. Sus métricas son: tiempo **empleado** y eficiencia relativa en un primer **intento**; tiempo empleado en aprender **funciones** y características, y reaprender ambas; tiempo empleado en la corrección de **errores**, y eficiencia relativa en comparación con un **usuario** experto.

13. ¿Cuántas categorías de *Card Sorting* existen? Indique sus diferencias.

Existen dos tipos de *Card Sorting*. Por un lado, el abierto, en el que el usuario que va a ser evaluado tiene libertad para agrupar los conceptos y crear la cantidad de conjuntos que estima necesarios. Por otro, el cerrado, en el que el individuo evaluado solo puede ubicar los conceptos en unos conjuntos y categorías ya predefinidos.

14. Cite y comente los cuatro principios básicos de la Norma ISO/IEC 40500:2012.

Es perceptible y el contenido debe poder ser percibido por todos los usuarios de manera visual y auditiva; operable, ya que el contenido podrá ser navegable usando los dispositivos de entrada del usuario, como ratón y teclado del ordenador. Además, será comprensible, para que los usuarios sean capaces de entender el contenido, su organización y manejo. En último lugar, será robusto, ya que el contenido debe estar correctamente estructurado para funcionar con las tecnologías actuales y futuras.

15. ¿Qué opción es correcta sobre la Web Multilingüe?

a. Es un proyecto que arrancó en 2010 de la mano del W3C.
b. Consiste en avanzar hacia la internacionalización de la Web mediante la creación de estándares relacionados con la gestión de contenidos en la red.
c. La aplicación de estándares de la Web Multilingüe pretende dotar de calidad a sitios web en varias lenguas y evitar traducciones incorrectas.
d. Todas las opciones son correctas.

Solucionario Capítulo 4

1. **De las siguientes frases, indique cuál es verdadera o falsa.**

   a. La planificación consiste en determinar el tipo y número de productos que se van a producir en un periodo de tiempo, para prever de forma concreta las necesidades de recursos humanos, materia y de medios tecnológicos.

   ☑ **Verdadero**
   ☐ Falso

   b. El plan de producción es un documento que define las tareas de cada grupo y/o trabajador y el tiempo de realización de cada una.

   ☑ **Verdadero**
   ☐ Falso

   c. El plan de producción lo lleva a cabo y ejecuta el gerente de la empresa única y exclusivamente.

   ☐ Verdadero
   ☑ **Falso**

2. **Señale de qué elemento no se compone el guion multimedia.**

   a. Guion de contenido.
   b. Mapa contextual.
   c. Guion técnico.
   d. *Storyboard.*

3. **Señale qué no es un recurso técnico utilizado de forma común en productos editoriales multimedia.**

   a. Imágenes.
   b. Vídeos.
   c. Textos.
   d. Diagramas de barras.

4. **Busque en la siguiente sopa de letras formatos de video e imagen fija.**

A	**B**	**M**	**P**	L	O	N	R
B	T	E	S	I	J	O	E
A	A	**J**	**P**	**G**	U	B	A
L	N	P	M	N	F	E	C
M	Q	O	A	N	U	L	**F**
S	U	Z	L	**A**	**V**	**I**	**L**
I	**P**	**N**	**G**	**M**	**O**	**V**	**V**

5. **¿Cómo garantiza que una imagen comprimida pueda mantener su fondo como transparente?**

Utilizando como formato de compresión el formato PNG.

6. **Complete la siguiente oración.**

Gif es un formato **gráfico** que engloba tanto imágenes fijas únicas como **secuencias** animadas de imágenes, que se reproduce de forma encadenada para dar sensación de movimiento, pero sin llegar a ser un clip de **video.**

7. **¿A qué responden las siglas JPG?**

Estas siglas responden a *Joint Photographic Experts Group,* nombre dado a un comité de expertos que creó este estándar de compresión y codificación de archivos de imágenes fijas. También es un formato de archivo que comprime con baja pérdida imágenes captadas por cámaras digitales y otros dispositivos de captura como escáneres. Es el archivo más utilizado en fotografía digital.

8. ¿Cuál de los siguientes formatos de video pesa más y no se aconseja para la realización de *streaming* de video?

a. MOV.
b. AVI.
c. WMV.
d. FLV.

9. ¿Qué no define al sonido digital?

a. Suele formar parte de un video como voz locutada, efecto sonoro o banda sonora musical.
b. Su tasa de muestreo se mide en Hertzios (Hz).
c. Nunca se reproduce sin video en solitario en el producto editorial multimedia.
d. Los formatos de audio digital más utilizados son ACC, MP3 y WAV.

10. ¿Qué recurso técnico es imprescindible en el producto editorial multimedia?

El texto.

11. Cite dos puntos de conflicto de los permisos de acceso a la información.

Derechos de autor y privacidad.

12. Complete la siguiente oración.

El diseñador multimedia genera, **adquiere** y manipula los recursos **multimedia.** Suele ser especialista en otros campos, además del multimedia, como **Diseño Gráfico,** ilustración, animación 2D y 3D, **edición** de video o **en el sonido.**

13. ¿Cuál es el cometido del arquitecto de la información?

Se encarga de definir el sistema de navegación de la plataforma del producto editorial multimedia. Incluye los nodos y pantallas principales del multimedia, a la vez que define el grado de interacción usario-máquina. El arquitecto marca qué materiales son necesarios para satisfacer las necesidades del usuario y los requisitos del cliente. Además, marca la localización de metáforas, mapas, sistemas de búsqueda y ayuda, visitas guiadas, títulos e indicaciones de enlaces.

14. En la evaluación de recursos humanos, cite los pasos a seguir.

Estudios de criterios de evaluación, formularios, evaluación cara a cara o medición y seguimiento de resultados.

15. ¿Cómo definiría *Cloud Computing?*

Denominado también como computación en la nube o servicios en la nube, es un sistema que ofrece servicios informáticos a través de internet, con la información de una empresa y el software que utilizan sus empleados en los servicios propios del proveedor del servicio *Cloud Computing.* De esta forma, se puede trabajar desde cualquier lugar y dispositivo móvil con conexión a internet.

Solucionario Capítulo 5

1. **De las siguientes frases, indique cuál es verdadera o falsa.**

   a. Antes de comenzar una actividad, es primordial llevar a cabo un análisis de viabilidad técnica y económica.

   ☑ **Verdadero**
   ☐ Falso

   b. La viabilidad económica determina si una empresa puede crear un producto con los materiales de que dispone, con la tecnología que puede adquirir y con el conocimiento y aptitudes de sus empleados.

   ☐ Verdadero
   ☑ **Falso**

   c. Se aconseja a las empresas que destinen inversión en I+D y que cuenten a su alcance con las últimas tecnologías para ofrecer a sus clientes servicios y productos que satisfagan sus necesidades.

   ☑ **Verdadero**
   ☐ Falso

2. **Relacione las siguientes herramientas con su parcela de aplicación.**

   a. CMS.
   b. Estudio de mercado.
   c. Mozilla Firefox.
   d. MySQL.

   b. Análisis de viabilidad.
   a. Publicación de contenidos.
   c. Navegación en internet.
   d. Gestión de bases de datos.

3. El documento denominado *benchmarking* no contempla...

a. ... la marca del competidor.
b. ... la descripción del producto o servicio de la competencia.
c. ... la comunicación interna de la empresa rival.
d. ... el proceso de producción de la competencia.

4. Busque en la siguiente sopa de letras aspectos relacionados con la actividad empresarial.

P	**R**	**O**	**D**	**U**	**C**	**T**	**O**
R	T	**V**	S	I	**C**	O	E
E	I	N	**E**	G	**O**	T	A
C	N	P	M	**N**	**S**	E	C
I	Q	O	A	N	**T**	L	T
O	U	Z	L	E	**O**	**A**	O
S	**E**	**R**	**V**	**I**	**C**	**I**	**O**

5. ¿En qué consiste el *Mistery Shopping* o técnica del cliente misterioso?

Consiste en formar a un colaborador en la recogida de información de la actividad de una empresa competidora, haciéndose pasar por un cliente sin informar sobre su verdadera intención, que es recabar datos. Una vez finalice la toma de contacto entre el competidor y el cliente misterioso, se emite un informe con los resultados.

6. Complete la siguiente oración.

El riesgo es algo inherente a la **comercialización** de un producto, que se puede minimizar mediante el **estudio** de mercado, los análisis de **viabilidad** económica y técnica, además de la prospección de la **competencia** y del estudio de los **usuarios** potenciales.

7. ¿Cómo se denomina al resultado de restar a los ingresos los costos derivados de la producción?

Beneficio.

8. El desglose por mes y producto de la entrada de capital económico por ventas y el dato de unidades vendidas recibe el nombre de...

a. ... facturación anual.
b. ... cálculo uniforme.
c. ... previsión de ingresos.
d. ... presupuesto.

9. Indique de qué documento no se compone el presupuesto de inversiones.

a. Presupuesto de compras.
b. Probabilidades de fluctuación monetaria o pérdidas en la empresa como resultado de la reducción de mercancía en stock.
c. Estudio de mercado.
d. Política de precios y restricciones de la empresa para contener el gasto.

10. ¿En qué consiste el pronóstico de necesidades basado en la experiencia?

Se apoya en el juicio de la dirección de la empresa y de los jefes de departamentos, que pueden contar con conocimientos y visión amplia para determinar la necesidad de personal tras comparar la carga de trabajo en ejercicios anteriores por el aumento de actividad en la empresa en periodos similares.

11. Defina brevemente qué se entiende por Recursos Humanos.

Es el conjunto formado por los empleados en plantilla, los trabajadores indirectos y el trabajo que resulta del esfuerzo de ambos.

12. Complete la siguiente oración.

Los costos directos están formados por la materia **prima** y los insumos, por los sueldos del personal, gratificaciones de los trabajadores, indemnizaciones y **pensiones.** Los costos directos derivan de la mano de **obra** y de los **recursos** técnicos que serán utilizados en el proceso de creación del producto **editorial** multimedia.

13. Señale seis formas de ingresos económicos por la difusión del producto editorial multimedia de cara a la rentabilidad.

Pago de licencia por contenido, suscripción, pago por visión o escucha, licencia por un número concreto de reproducciones o entradas, contadores de consumo y venta de derechos.

14. La confección de un presupuesto se centra inicialmente en dos fases, que son:

a. **La fase de planificación y la fase de control.**
b. Las fases de inversión y de amortización.
c. Las fases de estudio de mercado y la de apropiación de bienes materiales.
d. Todas las opciones son correctas.

15. El punto de equilibrio o punto muerto es:

a. El punto de arranque de una iniciativa empresarial, llevada a cabo por emprendedores.
b. El punto de apalancamiento del mercado, que frena en seco la actividad por la excesiva oferta y baja demanda.
c. **El número mínimo de unidades que una empresa tiene que vender para que su actividad no tenga pérdidas, es decir, para conseguir que los ingresos igualen a los costos.**
d. La diferencia existente entre los precios de venta y la suma de los beneficios, los costos variables y los costos fijos.

Solucionario Capítulo 6

1. **De las siguientes frases, indique cuál es verdadera o falsa.**

   a. Los libros de estilo se centran únicamente en aspectos lingüísticos del producto editorial multimedia.

   ☐ Verdadero
   ☑ **Falso**

   b. El mayor logro de las categorías consiste en facilitar la localización de resultados en búsquedas realizadas por motores en internet.

   ☑ **Verdadero**
   ☐ Falso

   c. El punto, la línea y el plano son los tres elementos mínimos de expresión gráfica.

   ☑ **Verdadero**
   ☐ Falso

2. **Relacione los siguientes formatos de estilo con sus usos correspondientes.**

   a. Negrita.
   b. Versalitas.
   c. Cursiva.
   d. Mayúsculas.

   <u>d.</u> Topónimos y antropónimos.
   <u>a.</u> Títulos y subtítulos.
   <u>b.</u> Párrafos de obras densas.
   <u>c.</u> Títulos de libros en citas bibliográficas.

3. **En una página web, las categorías no se relacionan con...**

   a. ... las etiquetas.
   b. ... la facilidad para encontrar resultados en búsquedas por internet.
   c. ... la comunicación interna de una empresa de servicios online.

d. ... términos concretos que se identifican con la temática de la web.

4. Busque en la siguiente sopa de letras cinco tonos o colores.

V	**I**	**O**	**L**	**E**	**T**	**A**	O
R	T	**V**	S	I	C	**Z**	E
E	I	N	**E**	G	O	**U**	A
C	N	P	M	**R**	S	**L**	C
I	**R**	**O**	**J**	**O**	**D**	L	I
O	U	Z	L	E	O	**E**	O
A	**M**	**A**	**R**	**I**	**L**	**L**	**O**

5. ¿En qué consiste la semiótica?

Es la disciplina científica que estudia el signo y aborda la interpretación y producción de sentido y significado a través de la imagen.

6. Complete la siguiente oración.

El pixelado es un **efecto** que deriva de la **visualización** de una imagen de baja resolución a un **tamaño** en el que los **píxeles** únicos son visibles al **ojo** humano.

7. ¿A cuántas pulgadas equivale una imagen de 1600 píxeles de altura por 200 píxeles de anchura?

Ocho pulgadas.

8. El color que expresa la paz y la pureza, además de aportar una impresión luminosa de infinitud y es un fondo universal para todas las formas que se proyectan sobre un plano, es:

a. El negro.
b. El amarillo.
c. El blanco.
d. El verde.

9. Indique qué afirmación no es correcta en relación con un sistema de color.

a. Se puede denominar también estándar cromático.
b. Hay varios, como RGB, CYMK, CMK y PANTONE.
c. Mide la saturación del color en una escala de 0 al 25.
d. Es útil para determinar exactamente el tipo de tonalidad de color que se utilizará para el desarrollo de un producto editorial multimedia.

10. ¿Qué diferencia existe entre los sistemas de color RGB y CYMK con relación al soporte de difusión?

El sistema RGB está pensado para reproducir los colores de manera fiable en pantallas de televisión y monitores, mientras que CYMK es más apropiado para la impresión de colores con la mayoría de las impresoras del mercado.

11. Defina brevemente qué se entiende por CSS.

Son las siglas en inglés de *Cascading Style Sheets* u hojas de estilo en cascada. Es un lenguaje utilizado para describir el aspecto y formato de un documento basado en XML, como XHTML o SVG.

12. ¿Cuál es la resolución de un video en formato PAL DV?

720 x 576 píxeles.

13. Cite seis tipos de formatos de audio comprimido.

ACC, WAV, MIDI, MP3, MPEG-1 y WMA.

14. Desde el punto de vista de la interactividad, el nivel de control del usuario con un programa semiabierto...

- **a. ... permite algunas modificaciones de los aspectos de la herramienta, casi siempre relacionados con el aspecto estético, como el control de valores de brillo.**
- b. ... no permite la posibilidad de modificar los valores predeterminados de la herramienta.
- c. ... no pone límites a la modificación de valores y elementos del producto.
- d. Todas las opciones son correctas.

15. En la elaboración de un libro de estilo de un producto multimedia, se han de tener en cuenta, entre otros aspectos, los siguientes:

- a. Uso del color, cabecera, iconos, léxico, producción gráfica y temperaturas de color.
- b. Cabecera, uso de imágenes, tiempos de producción, trato con el cliente.
- **c. Uso del color, cabecera, uso de imágenes, iconos, arquitectura de la información y regulación del uso de los signos de puntuación.**
- d. Cabecera, iconos, arquitectura de la información, descansos del personal de trabajo.

Solucionario Capítulo 7

1. **De las siguientes frases, indique cuál es verdadera o falsa.**

   a. La Prevención de Riesgos Laborales consiste en la eliminación, identificación y control de situaciones que ponen en peligro la integridad física del trabajador en el desempeño de sus funciones.

      ☑ **Verdadero**
      ☐ Falso

   b. La mayoría de los accidentes de trabajo se deben a acontecimientos fortuitos o son inevitables.

      ☐ Verdadero
      ☑ **Falso**

   c. La salud no es un estado de bienestar físico únicamente, sino también psíquico y social.

      ☑ **Verdadero**
      ☐ Falso

2. **Relacione los siguientes términos con sus descripciones.**

   a. Enfermedad profesional.
   b. Accidente de trabajo.
   c. Evaluación del riesgo.
   d. Salud.

   d. Estado de bienestar físico y psíquico, además de social completo.
   a. Contraída en el puesto de trabajo por un trabajador por cuenta ajena.
   b. Lesión sufrida por el empleado en el ejercicio de su trabajo, ejecutado por cuenta ajena.
   c. Identificación del peligro y la estimación de que se convierta en accidente, deduciendo su tolerabilidad.

3. La protección medioambiental consiste en...

a. ... concienciar a la plantilla de trabajadores en separar basura orgánica de plásticos en sus hogares.
b. ... únicamente utilizar productos reciclados como material fungible.
c. **... las medidas que pone en marcha la empresa para minimizar el impacto de la degradación que deriva de su actividad productiva sobre el medio ambiente.**
d. ... comprar las materias primas en aquellos países que cuentan con una política de compromiso medioambiental.

4. Busque en la siguiente sopa de letras cinco conceptos relacionados con la prevención de riesgos laborales y protección del medio ambiente.

R	**E**	**S**	**I**	**D**	**U**	**O**	**O**
R	**R**	**I**	**E**	**S**	**G**	**O**	**Ñ**
E	I	N	E	G	O	U	**A**
C	N	P	M	R	S	L	**D**
T	**R**	**A**	**B**	**A**	**J**	**O**	T
O	U	Z	L	E	O	E	O
A	T	D	**D**	**U**	**L**	**A**	**S**

5. ¿Cómo definiría el trabajo?

Es la actividad productiva y social organizada convenientemente, desarrollada por los recursos humanos de una organización o empresa en colaboración con su tecnología y recursos materiales, que permite alcanzar unos objetivos prefijados, dando satisfacción a las necesidades de clientes y aportando al mercado un producto o servicio.

6. **Complete la siguiente oración.**

Para incorporar responsabilidad **medioambiental** en su política, la organización o empresa debe estudiar el **impacto** de la degradación del medio ambiente que deriva de su **actividad**. Una vez se cuenta con esta información, se desarrollarán **planes** para minimizar el consumo de recursos **naturales**, aminorando los impactos negativos sobre el **medio** ambiente.

7. **¿Qué dos leyes o normativas, citadas en el capítulo, velan por la correcta prevención de riesgos en el trabajo?**

La Ley 31/1995, de 8 de noviembre, de Prevención de Riesgos Laborales, y el Real Decreto 488/1997, de 14 de abril, sobre visualización de datos en pantallas.

8. **Sobre las fuentes de luz en el espacio de trabajo, el empresario debe tener en consideración...**

   a. ... el nivel mínimo de iluminación requerido por cada actividad.
   b. ... la edad y capacidad visual de los trabajadores.
   c. ... dejar entrar la luz natural en ambientes de trabajo cuando sea posible.
   d. Todas las opciones son correctas.

9. **Indique qué afirmación no es correcta en relación con el espacio de trabajo asistido por ordenador, sentado en una silla y apoyado sobre una mesa.**

   a. Trabaje con comodidad, regulando correctamente el asiento.
   b. La superficie de trabajo ha de ser lo suficientemente estable.
   c. Se deben mantener las piernas cruzadas para favorecer la circulación de la sangre.
   d. La distancia mínima entre el ojo y la pantalla debe ser de 40 cm.

10. **¿Qué diferencia existe entre un Servicio de Prevención Ajeno (SPA) y un trabajador de plantilla al que se le encomienda la Prevención de Riesgos Laborales?**

En el primer caso, es una empresa privada especializada en la evaluación y control de la Prevención de Riesgos Laborales, certificada por el Departamento de Empleo. En el segundo, es un trabajador en nómina por la empresa, que desempeña las tareas de evaluación y control de riesgos laborales como especialista en este campo tras recibir la formación necesaria y convirtiéndose en trabajador designado a este efecto.

11. **¿Por qué una empresa que se dedica a la producción editorial multimedia debe contribuir a la protección ambiental?**

Porque hace uso de equipos electrónicos e informáticos en su proceso de producción. De hecho, la manipulación de computadoras genera gran cantidad de residuos que no son biodegradables.

12. **Indique si es correcta la siguiente afirmación: "La prisa es el mejor aliado de la salud laboral, ya que se rentabiliza el trabajo del empleado y disminuye considerablemente el riesgo de accidente en el trabajo".**

No, en absoluto. De hecho, la prisa es el mejor aliado del accidente y no hay relación directa entre la prisa y la eficacia del empleado.

13. **¿Qué es un accidente en misión y qué lo diferencia del accidente *in itinere?***

Ambos son accidentes que se producen en un desplazamiento. Sin embargo, mientras que el accidente en misión se produce en el transcurso de tiempo y espacio que discurre entre la localización de la empresa y el lugar de trabajo, como la casa de un cliente, el accidente in itinere tiene lugar durante el desplazamiento entre el lugar de trabajo y el domicilio del trabajador y viceversa.

14. **Señale la sentencia que no se relaciona con la definición de un accidente de trabajo.**

   a. **Es un accidente que se produce durante las vacaciones del trabajador.**
   b. Puede ser una enfermedad común no tipificada como profesional, pero se demuestra que existe una relación causa-efecto entre el desempeño de la actividad laboral y la llegada de la enfermedad.
   c. Pueden ser los accidentes sufridos por cargos sindicales en el desarrollo de su labor sindical.

---

15. ¿Qué sentencia no se corresponde con el concepto de higiene industrial?

a. Es denominada también como medicina del trabajo.
b. Es una disciplina científica que se encarga de la curación y rehabilitación de los trabajadores afectados en horario laboral.
c. Consiste en el correcto uso del jabón y de la temperatura del agua para lavarse las manos antes de la parada del almuerzo.
d. Cuida la ergonomía y el diseño de los ambientes de trabajo para adaptarlos a las capacidades de los seres humanos.

Solucionario 2

Diseño gráfico de productos editoriales multimedia

Solucionario Capítulo 1

1. **Indique si las siguientes afirmaciones son verdaderas o falsas.**

   a. Las imágenes vectoriales pierden calidad al ser escaladas.

   ☐ Verdadero
   ☑ **Falso**

   b. El proceso de vectorización convierte los vectores en bitmaps.

   ☐ Verdadero
   ☑ **Falso**

   c. Los bitmap pierden calidad en el guardado JPG.

   ☑ **Verdadero**
   ☐ Falso

   d. Las imágenes vectoriales se emplean más frecuentemente en logotipos e imágenes por planos.

   ☑ **Verdadero**
   ☐ Falso

2. **Complete el siguiente texto.**

   Existen dos escalas de color. Una de ellas se refiere al color que reflejan los objetos, y se denomina **color-pigmento.** Sus colores primarios son el **cyan, amarillo** y **magenta.** Un color que se perciba como amarillo, absorbe los colores primarios **magenta** y **cyan,** reflejando el **amarillo.** Por otra parte, la escala de color de los rayos de luz se denomina **color-luz** y sus primarios son **rojo, azul** y **verde.**

   La mezcla de todos los colores en esta escala da lugar al color **blanco.**

3. Relacione las siguientes Leyes de la Gestalt con su definición.

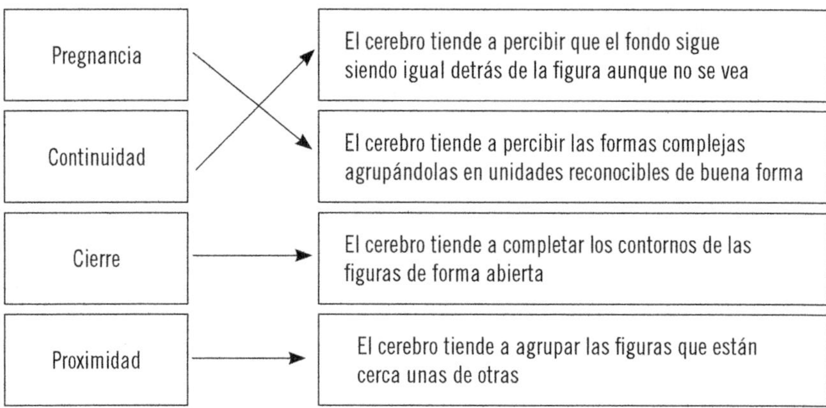

4. Indique si las siguientes afirmaciones son verdaderas o falsas.

a. El contrapicado se toma por encima del motivo.

- ☑ **Verdadero**
- ☐ Falso

b. El plano americano corta la figura humana a la altura de la cintura.

- ☐ Verdadero
- ☑ **Falso**

c. El plano cenital es aquel donde el fotógrafo se sitúa por debajo del motivo.

- ☐ Verdadero
- ☑ **Falso**

5. **Asocie cada color con su significado simbólico.**

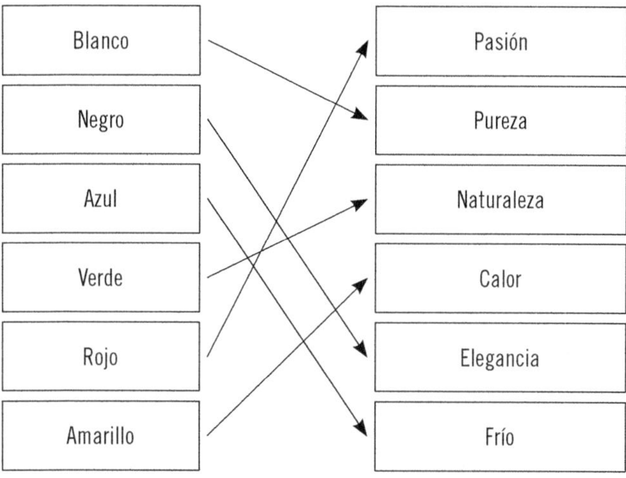

6. **Explique brevemente el experimento del prisma de Newton y qué es lo que demuestra.**

Cuando un rayo de luz se hace pasar por un prisma de cristal, se descompone en los 7 colores del arco iris. Este hecho demuestra que la luz blanca es la suma de todos los colores-luz.

7. **Complete las mezclas de color siguiendo la escala color-luz.**

a. Verde + azul = **cyan.**
b. Azul + rojo = **magenta.**
c. Rojo + **verde** = amarillo.
d. Verde + **azul** + rojo = blanco.

8. **¿De qué color se ve un objeto que por su pigmentación absorbe los colores amarillo y cyan? Razone su respuesta.**

Se ve de color magenta, porque es el único tipo de luz que refleja.

9. **Indique en cada caso qué tipo de compresión es preferible en las imágenes bitmap siguientes, eligiendo entre TIFF, JPG, GIF o PNG.**

   a. Un banner publicitario para una página web. **JPG.**
   b. Un logotipo de pequeño tamaño para la firma en un email. **GIF o PNG.**
   c. Un dibujo geométrico de fondo transparente. **GIF o PNG.**
   d. Una fotografía a todo color que va a ser impresa en un flyer. **TIFF.**
   e. Un dibujo en blanco y negro puros sin escala de grises. **GIF o PNG.**
   f. Una fotografía para un catálogo de productos que va a publicarse en una web. **JPG.**

10. **Indique en cada caso si es preferible trabajar con vectores o bitmaps para producir las siguientes imágenes.**

    a. Un logotipo. **Vectores.**
    b. Una reproducción de un cuadro abstracto. **Bitmap.**
    c. Un pictograma de "salida de incendios". **Vectores.**
    d. Una fotografía tipo carné. **Bitmap.**

11. **Relacione los siguientes conceptos con la respuesta que más se les ajuste.**

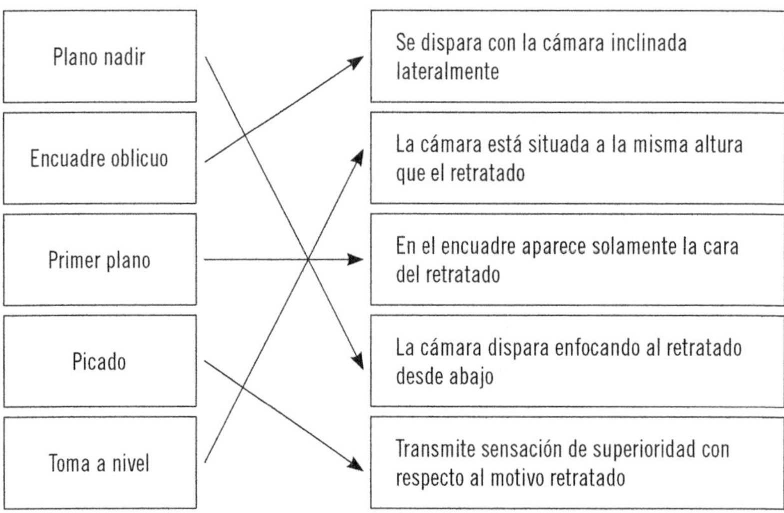

12. ¿Para qué sirve el equilibro de color en una imagen fotográfica?

Para que los tonos y colores dentro de la imagen estén distribuidos armónicamente y se correspondan con el motivo original.

13. Indique en estos ejemplos cuál de los cuatro principios de composición se han aplicado (alineación, contraste, proximidad, repetición).

a. Un punto de color rojo centrado, sobre un fondo verde. **Contraste.**
b. El libro de estilo de una editorial. **Repetición.**
c. Un texto justificado a izquierda y derecha. **Alineación.**
d. Cinco imágenes fotográficas yuxtapuestas. **Proximidad.**

14. ¿Cuándo una imagen que no es simétrica decimos que está equilibrada?

Cuando las masas que la componen están compensadas según su peso visual.

15. Indique si las siguientes afirmaciones son verdaderas o falsas.

a. Una maquetación con los titulares a 16 puntos y el texto a 10 sigue la proporción áurea.

☑ **Verdadero**
☐ Falso

b. La Ley de tercios solo es aplicable a la imagen fotográfica.

☐ Verdadero
☑ **Falso**

c. Una red modular no puede considerarse ritmo.

☐ Verdadero
☑ **Falso**

d. La resolución del monitor del usuario es un factor a tener en cuenta a la hora de preparar las imágenes de nuestro proyecto.

☑ **Verdadero**
☐ Falso

Solucionario Capítulo 2

1. **Indique si las siguientes afirmaciones son verdaderas o falsas.**

   a. WAI es una iniciativa de la W3C para diseñar estrategias de accesibilidad web para discapacitados.

      ☑ **Verdadero**
      ☐ Falso

   b. Se entiende por "web adaptable" que el contenido de la página sea comprensible por todo el público.

      ☐ Verdadero
      ☑ **Falso**

   c. La Normativa ISO de accesibilidad es de obligado cumplimiento.

      ☐ Verdadero
      ☑ **Falso**

   d. La Normativa de seguridad y salud en el trabajo incluye las características que deben tener las pantallas de los ordenadores.

      ☑ **Verdadero**
      ☐ Falso

2. **Relacione los elementos de las siguientes plataformas con su denominación genérica.**

Mozilla Firefox

Android

MacOs

Smartphone

Reproductor de DVD

Adobe Premiere

Hardware

Sistema operativo

Software

3. **Complete el siguiente texto.**

La Ley que articula los derechos de autor se llama **Ley de propiedad intelectual.** El dueño de los derechos de autor de una obra original es **el autor.** Los derechos por los que el autor debe recibir un pago si alguien utiliza su trabajo se denominan **de remuneración.** Los derechos se denominan exclusivos cuando el único que puede explotarlos es **el autor.** Los derechos de paternidad e integridad se denominan **morales.** La vigencia de los derechos de autor perdura hasta **70** años después de su muerte, si el autor ha fallecido después de 1987. En el caso de los derechos sobre producciones fonográficas son **50** años desde la grabación o publicación de la obra.

4. **Asocie cada tarea con el miembro del grupo de trabajo al que corresponda.**

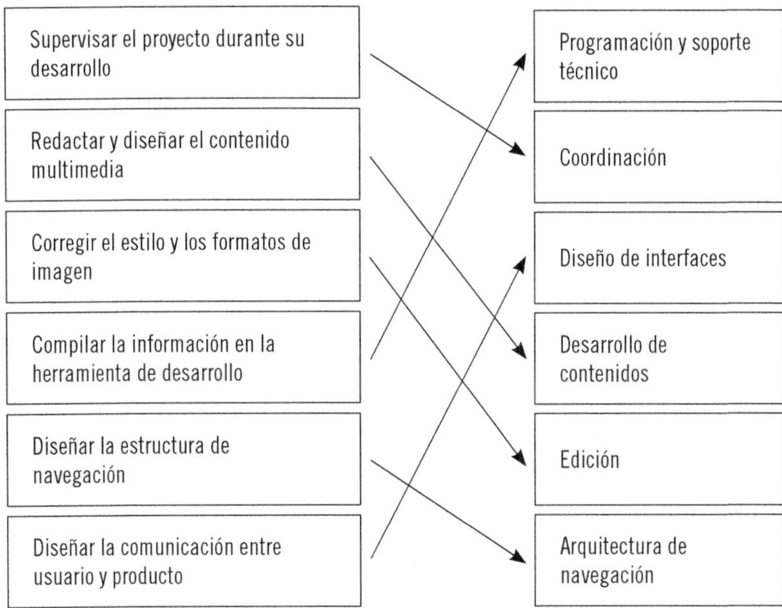

5. **Indique si las siguientes afirmaciones son verdaderas o falsas.**

a. El testeado alfa corrige errores en la funcionalidad que puedan bloquear la aplicación.

☑ **Verdadero**
☐ Falso

b. El documento de especificaciones del producto se realiza antes de que se dé el visto bueno al proyecto.

☐ Verdadero
☑ **Falso**

c. El boceto no tiene por qué reflejar detalladamente la navegación del producto.

☐ Verdadero
☑ **Falso**

d. El prototipo debe tener un nivel de terminación equivalente al del producto definitivo.

☑ **Verdadero**
☐ Falso

6. Enumere las fases del anteproyecto y los documentos que se elaboran durante el desarrollo del mismo.

Las fases del anteproyecto son: recopilación de información, elaboración del documento de especificaciones, boceto y prototipo.

7. ¿Cuáles de estas acciones puede realizar un editor en un contrato convencional?

a. Lanzar la obra al mercado un año después de la entrega del original. **Sí**
b. Modificar los fines originales de la obra. **No**
c. Lanzar una segunda edición sin acordarlo con el autor. **No**
d. Entregar al autor por encargo un anticipo en concepto de derechos de autor. **Sí**

8. Defina brevemente hipertexto. ¿En qué medio surgió?

Es un concepto de texto ampliado, no lineal, donde algunas partes del mismo enlazan con información adicional a través de la intervención del usuario haciendo clic con el ratón. Estas zonas activas se llaman "hiperenlaces". Surgió en la navegación por internet.

9. Indique en cada caso qué tipo de licencia corresponde, especificando las condiciones si es una licencia *Creative Commons*.

a. No se puede reproducir la obra salvo que se nombre al autor original. **CC BY.**
b. Se puede reproducir y modificar la obra, si no se utiliza con fines comerciales y se nombra al autor. **CC BY-SA-NC.**
c. No se puede reproducir la obra sin el permiso del autor. **COPYRIGHT.**

d. Se puede reproducir la obra sin fines comerciales, pero no modificarla. **CC BY-NC-ND.**
e. Se puede reproducir la obra retribuyendo económicamente al autor. **COPYRIGHT.**

10. Indique en qué casos se aplica la doctrina de la primera venta.

a. Regalar un DVD a un amigo. **Sí**
b. Revender un videojuego. **Sí**
c. Subir un disco en MP3 a una página de descargas por suscripción. **No**

11. Relacione las siguientes tareas con la gestión de proyecto correspondiente.

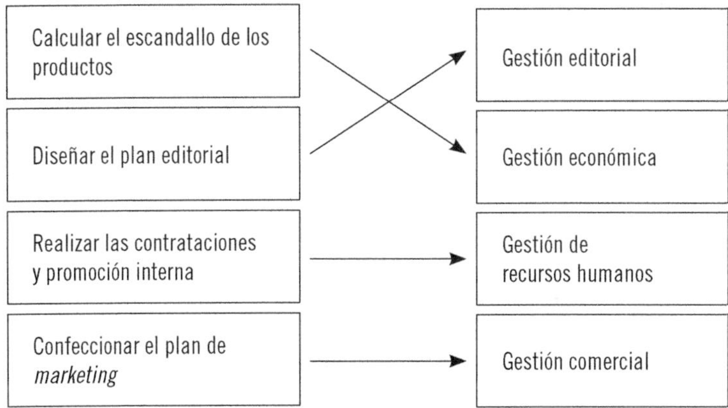

12. ¿Qué tipos de interactividad pueden encontrarse en un producto multimedia?

Secuenciación, velocidad, control de medios, personalización, transacción, control de objetos y simulación.

13. Relacione el siguiente tipo de estructuras de navegación con su denominación.

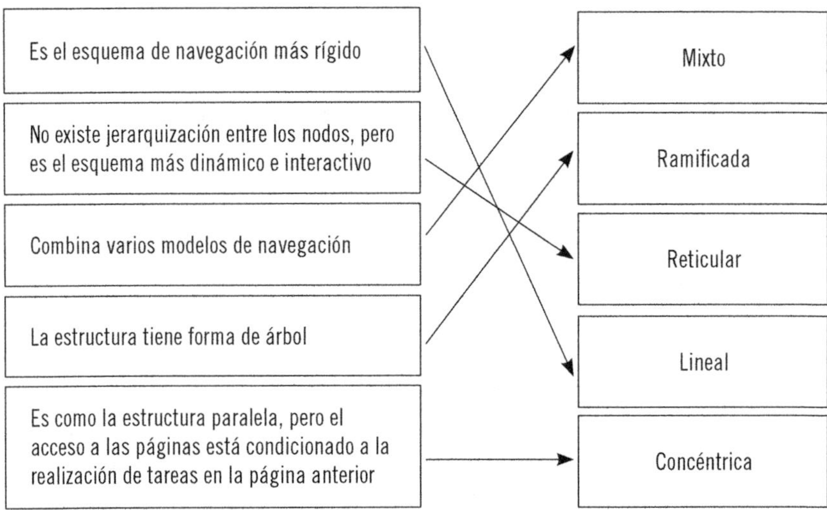

14. ¿Qué es un codec? Enumere algunos ejemplos.

Un código de codificación y decodificación de datos de imagen o audio. Algunos ejemplos de vídeo: XVID, AVI, MPEG, DV.

15. Indique si las siguientes afirmaciones son verdaderas o falsas.

a. El estudio de viabilidad debe recopilar toda la información posible sobre el usuario meta.

☑ **Verdadero**
☐ Falso

b. En el estudio de viabilidad se realiza un boceto del proyecto.

☐ Verdadero
☑ **Falso**

c. La tormenta de ideas consiste en recopilar información de todos los medios posibles para documentarse sobre el producto.

- ☐ Verdadero
- ☑ **Falso**

d. En el estudio de viabilidad es conveniente incluir los lenguajes de programación que harán falta para llevarlo a cabo.

- ☑ **Verdadero**
- ☐ Falso

Solucionario Capítulo 3

1. **Enumere los medios en un proyecto multimedia que podemos considerar tempo-dependientes.**

   Animación, vídeo y sonido.

2. **Defina metáfora de interfaz, y qué tipos de metáfora pueden encontrarse en un proyecto multimedia.**

   La metáfora es un diseño de navegación que unifica los elementos interactivos en un concepto alusivo al contenido o temática del producto. Puede ser de objeto, de lugar o de actividad.

3. **Asocie cada motivo con el tipo de textura o patrón que le correspondería.**

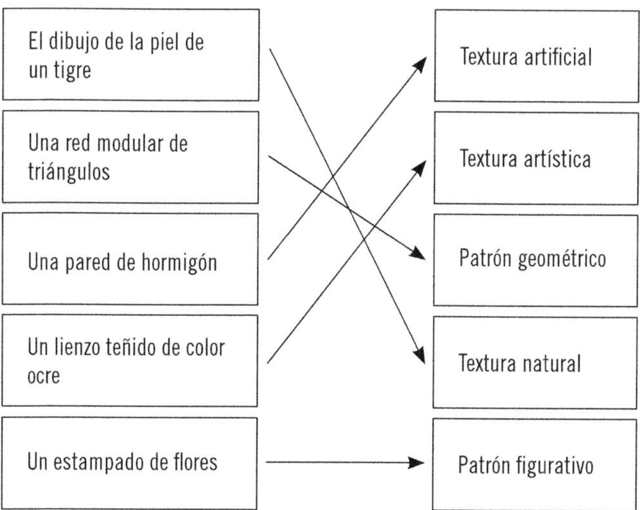

4. Indique si las siguientes afirmaciones son verdaderas o falsas.

a. Una imagen generada por ordenador es un gráfico.

☑ **Verdadero**
☐ Falso

b. Una imagen fija tiende a captar la atención del usuario antes que un texto.

☑ **Verdadero**
☐ Falso

c. Los elementos de contenido en la interfaz son siempre estáticos.

☐ Verdadero
☑ **Falso**

d. Los elementos distractores en la interfaz no son necesarios para la navegación.

☑ **Verdadero**
☐ Falso

5. Señale la diferencia entre composición de pantalla estática y dinámica.

La composición estática se refiere a los elementos de pantalla fijos, y la dinámica es la que incluye los procesos tempodependientes y la interfaz.

6. ¿Cuál de estos aspectos se trata en el libro de estilo del proyecto?

a. El tipo de usuario al que se destina.
b. Las tipografías que se van a utilizar.
c. El diagrama de flujo de navegación.
d. Las paletas de colores del proyecto.

7. **¿Cuáles de estos archivos permiten el uso de paletas incrustadas?**

   a. **GIF.**
   b. JPG.
   c. MP3.
   d. TIFF.

8. **Asocie cada paleta con sus características.**

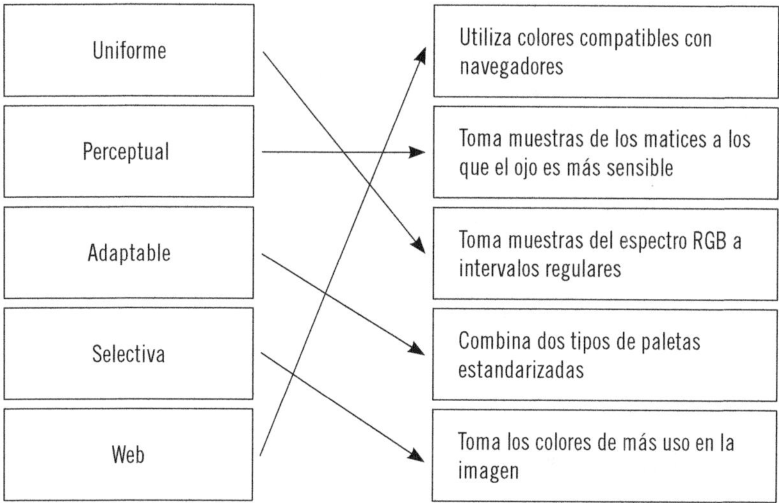

9. **¿Cuáles de estos archivos permiten perfiles de color incrustado?**

   a. **TIFF.**
   b. **JPG.**
   c. BMP.
   d. **SVG.**

10. **Escriba la diferencia entre *tracking* y *kerning*.**

En algunas herramientas informáticas de desarrollo, se denomina *tracking* a la aplicación de un mismo *kerning* en todo el texto.

11. Relacione cada grupo de fuentes con su familia tipográfica.

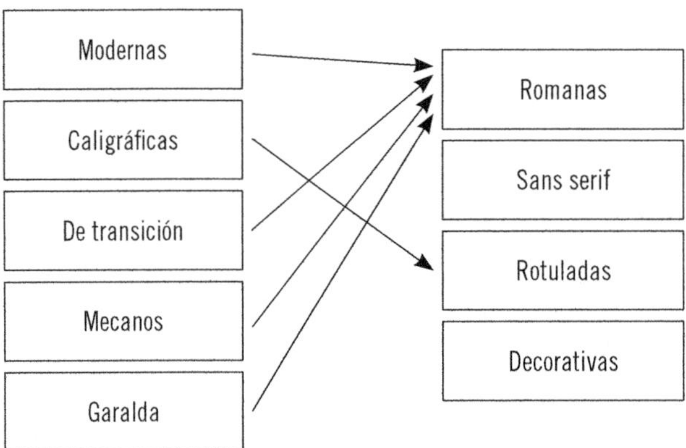

12. ¿Cuál de estos elementos puede influir en la jerarquía de una tipografía?

- a. **El campo visual.**
- b. El tamaño absoluto de la fuente.
- c. **El contraste.**
- d. **El color.**

13. Relacione las siguientes metáforas de interfaz con su tipología.

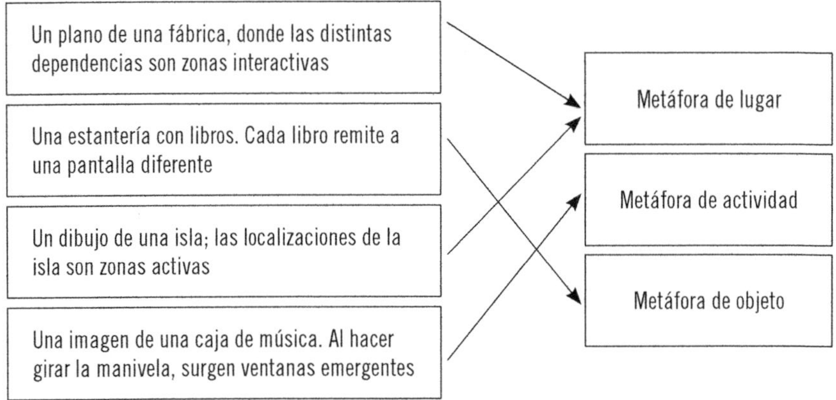

14. **Encuentre ocho conceptos y elementos morfológicos de la tipografía en la siguiente sopa de letras.**

O	**L**	**L**	**I**	**N**	**A**	E	P	T	W	I	**A**
G	P	D	F	A	R	V	Q	O	X	K	**S**
T	A	Q	V	M	H	V	**A**	C	S	O	**C**
L	A	C	V	I	B	**R**	O	S	T	E	**E**
A	L	I	R	O	**U**	S	N	A	M	**S**	**N**
J	**S**	E	D	**T**	S	T	A	M	**P**	B	**D**
A	U	**T**	**L**	Y	M	K	O	**I**	N	L	**E**
C	P	**A**	**A**	T	M	D	**N**	A	E	D	**N**
L	E	M	**J**	T	D	**A**	I	O	R	S	**T**
A	Y	E	**O**	E	L	N	M	L	O	S	**E**
M	E	R	U	G	E	R	S	O	K	T	P
D	**E**	**S**	**C**	**E**	**N**	**D**	**E**	**N**	**T**	**E**	A

15. **Indique si las siguientes afirmaciones son verdaderas o falsas.**

a. En texto con gran contraste tonal respecto al fondo se crea una mayor sensación de espacio visual.

☑ **Verdadero**
☐ Falso

b. Los contrastes fuertes de color mejoran la leibilidad de la fuente.

☐ Verdadero
☑ **Falso**

c. La textura en una fuente puede ser de color o de forma.

☑ **Verdadero**
☐ Falso

d. El tamaño relativo de la fuente tiene relación con el número de puntos de la misma.

- ☐ Verdadero
- ☑ **Falso**

Solucionario Capítulo 4

1. **Asocie cada tarea con el tipo de programa idóneo para su realización.**

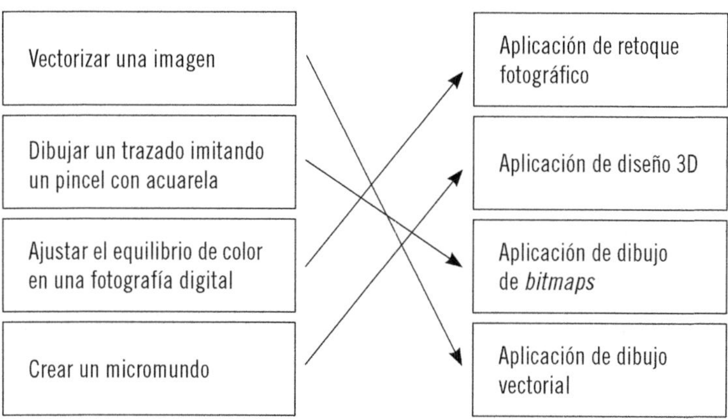

2. **Indique si las siguientes afirmaciones son verdaderas o falsas.**

a. El mercado de aplicaciones de dibujo tiende a diversificarse en pequeñas empresas.

☐ Verdadero
☑ **Falso**

b. Una imagen vectorial no puede abrirse desde un programa de retoque fotográfico.

☐ Verdadero
☑ **Falso**

c. No existen alternativas de *software* libre en diseño 3D.

☐ Verdadero
☑ **Falso**

d. Las aplicaciones de edición de vídeo pueden realizar efectos especiales.

☑ **Verdadero**
☐ Falso

3. Enumere tres funcionalidades de los programas de dibujo vectorial.

En el manual se citan 4:

- Uso de degradados, patrones y texturas.
- Vectorización de imágenes *bitmap.*
- Creación de objetos a partir de formas geométricas prediseñadas.
- Transformación asistida de los vectores.

4. ¿Cuáles de estas acciones puede realizar un programa de dibujo vectorial?

a. Redimensionar un objeto sin pérdida de datos.
b. Realizar dibujos imitando técnicas gráfico-plásticas complejas.
c. Vectorizar *bitmaps.*
d. Convertir formatos RAW a TIFF.

5. Relacione los siguientes recursos con el tipo de librería en la que los encontraríamos.

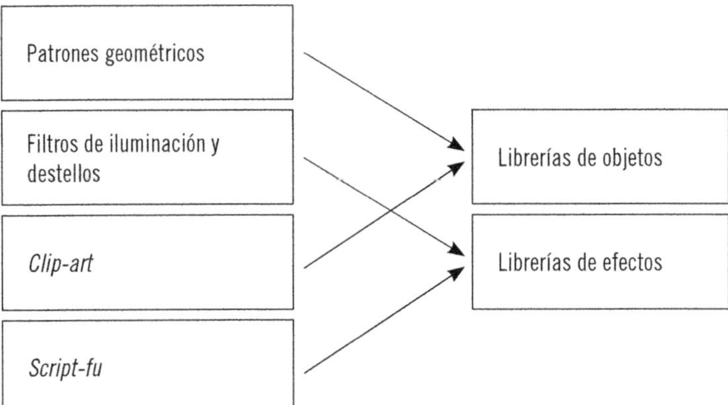

6. **Complete el siguiente texto.**

La realidad virtual es una modalidad de contenido multimedia donde el usuario experimenta en primera persona un entorno virtual. Cuando se utilizan periféricos sensoriales se denomina **inmersiva.** Con la eclosión de los *smartphones* y *tablets,* ha ganado importancia una experiencia mixta de realidad y realidad virtual llamada **realidad aumentada.** Existen otros proyectos donde el usuario interactúa físicamente con el entorno visualizado en el monitor, llamados **semiinmersivos.**

7. **Indique si las siguientes afirmaciones son verdaderas o falsas.**

a. Adobe Illustrator combina el tratamiento de bitmaps con dibujo vectorial.

☑ **Verdadero**
☐ Falso

b. Inkscape es la mejor opción para retoque fotográfico.

☐ Verdadero
☑ **Falso**

c. Las suites de aplicaciones combinan distintas herramientas en una interfaz común.

☑ **Verdadero**
☐ Falso

d. *Photoshop* no permite realizar diseño 3D.

☐ Verdadero
☑ **Falso**

8. **¿Qué son los micromundos? Enumere dos aplicaciones que sirvan para diseñar micromundos.**

Entornos virtuales en 3D. En el manual se citan *Blender, Maya, Bryce, 3Dmax* y *Cinema 4D.*

9. Relacione los siguientes medios con el programa que los realiza.

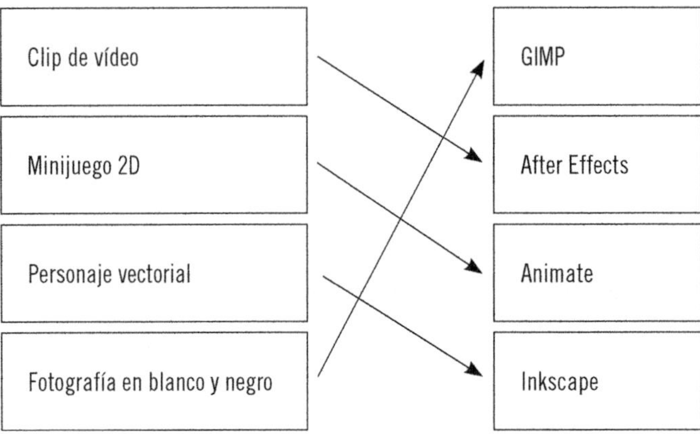

10. Nombre tres tipos de herramientas en una aplicación de dibujo y descríbalas.

- Herramientas de selección, para señalar las partes de la imagen que se van a modificar.
- Herramientas de dibujo, para generar formas visuales en la aplicación.
- Herramientas de edición, para modificar elementos en la imagen.

11. Indique cuáles de estos elementos se manejan en la edición de un programa de dibujo vectorial.

a. Curvas Bèzier.
b. Histograma.
c. Relleno.
d. Disminución de la resolución.

12. Indique si las siguientes afirmaciones son verdaderas o falsas.

a. Las fuentes *PostScript* permiten su reproducción en diferentes dispositivos.

☑ **Verdadero**
☐ Falso

b. Las fuentes *PostScript* dan orientaciones al usuario sobre las mejores soluciones de adaptabilidad.

- ☐ Verdadero
- ☑ **Falso**

c. Las fuentes *OpenType* son de código abierto.

- ☐ Verdadero
- ☑ **Falso**

d. Las fuentes *TrueType* utilizan curvas Bèzier.

- ☑ **Verdadero**
- ☐ Falso

13. Indique cuáles de las siguientes operaciones implican pérdida de calidad en la imagen.

a. **Convertir de RAW a JPG.**
b. **Aumentar el tamaño de una imagen bitmap sin cambiar la resolución.**
c. Convertir de GIF a PNG.
d. Aumentar el tamaño del lienzo.

14. Indique si las siguientes afirmaciones son verdaderas o falsas.

a. Los escáneres de mano alcanzan una resolución de 400 ppp.

- ☑ **Verdadero**
- ☐ Falso

b. La profundidad de color de 8 bits soporta 256 colores.

- ☑ **Verdadero**
- ☐ Falso

c. Todos los escáneres de sobremesa pueden digitalizar negativos.

- ☐ Verdadero
- ☑ **Falso**

d. Los escáneres no pueden generar ficheros PDF.

☐ Verdadero
☑ **Falso**

15. ¿Qué son los *Media Queries* y en qué lenguajes se pueden utilizar?

Son clases CSS3 que permiten cambiar la composición visual de una misma página web en diferentes dispositivos, según su formato de pantalla. Se utilizan en lenguajes como HTML y XML.

Solucionario 3

Diseño funcional y de la interactividad de productos multimedia

Solucionario Capítulo 1

1. **Defina la arquitectura de un producto editorial multimedia y explique su importancia en la creación de contenidos digitales.**

   La arquitectura de un producto editorial multimedia se refiere a la estructura subyacente que organiza y conecta los diferentes componentes multimedia (texto, imagen, sonido, vídeo, elementos interactivos) de manera coherente. Es fundamental para garantizar la accesibilidad, usabilidad y distribución eficiente del contenido en diversas plataformas.

2. **Explique la diferencia entre proyectos multimedia lineales y proyectos multimedia complejos.**

   Los proyectos multimedia lineales, como presentaciones en *PowerPoint* o *e-books*, siguen una secuencia predefinida de principio a fin, con una estructura de datos sencilla y jerárquica. Los proyectos multimedia complejos, como cursos *online* con módulos interactivos, requieren de una estructura más sofisticada que integre texto, audio, vídeo y elementos interactivos, y suelen emplear un sistema de gestión de contenidos (CMS).

3. **Mencione dos componentes esenciales de la arquitectura de un producto editorial multimedia.**

   - Estructura de la información
   - Selección de tecnologías
   - Interactividad del contenido
   - Flexibilidad y adaptabilidad
   - Optimización para diferentes dispositivos

4. **En el contexto de productos editoriales multimedia, ¿qué aspecto clave debe considerarse al diseñar la estructura de la información?**

   a. Solo la estética
   b. La facilidad de navegación
   c. La seguridad
   d. La eficiencia del sistema

5. **Explique cómo la selección de tecnologías influye en la arquitectura de un producto editorial multimedia.**

   La selección de tecnologías es fundamental para asegurar que el producto pueda integrar diferentes tipos de contenido multimedia, funcionar en múltiples dispositivos, y soportar la interactividad y actualización en tiempo real. La elección adecuada de tecnologías garantiza que el producto sea funcional, atractivo y accesible.

6. **Describa un ejemplo de un proyecto multimedia complejo y explique cómo su arquitectura debe estar diseñada para soportar la interactividad.**

   Un ejemplo es un curso *online* interactivo que incluye vídeos, ejercicios prácticos y foros de discusión. La arquitectura debe organizar el contenido en módulos accesibles, permitir la interacción en tiempo real y ser adaptable a varios dispositivos. Hay herramientas, como *Moodle*, que pueden ayudar a gestionar estos elementos.

7. **¿Qué herramienta se recomienda utilizar para proyectos multimedia lineales y de baja complejidad?**

   a. ***Adobe InDesign***
   b. *Moodle*
   c. *Unity*
   d. *Apache Cordova*

8. **Explique cómo se podría estructurar un proyecto que debe estar disponible tanto online como offline.**

   Un proyecto que funcione tanto *online* como *offline*, como una revista digital, debe tener una estructura que permita la sincronización y actualización de contenido en ambos modos. *WordPress*, por ejemplo, pueden gestionar el contenido en línea, mientras que *Adobe AIR* permite que el contenido se descargue y se pueda acceder sin conexión.

9. **Mencione dos herramientas utilizadas para desarrollar proyectos interactivos en productos editoriales multimedia.**

   - *Unity*
   - *Articulate Storyline*
   - *JavaScript*

- *HTML5*
- Unreal Engine.

10. ¿Qué tipo de arquitectura se debe utilizar para un proyecto diseñado para plataformas móviles y por qué?

Se debe utilizar una arquitectura optimizada para dispositivos móviles, como *Flutter* o *React Native*, para garantizar un alto rendimiento y una interfaz de usuario fluida. Estas herramientas permiten el desarrollo de aplicaciones que funcionan de manera eficiente tanto en *Android* como en *iOS*.

11. Describa la diferencia entre software propietario y software de código abierto en el contexto de la producción de productos editoriales multimedia.

El *software* propietario, como *Adobe Creative Cloud*, es desarrollado por empresas privadas y requiere licencias. Ofrece soporte técnico y actualizaciones. Resulta ideal para profesionales. El *software* de código abierto, como *GIMP*, es gratuito y permite a los usuarios modificar el código fuente. Es más flexible y económico, aunque con menos soporte.

12. En el contexto de arquitecturas de red, ¿qué es la modularidad y por qué es importante?

La modularidad es la separación de funciones en módulos independientes dentro de una arquitectura de red, lo que facilita la gestión, actualización y escalabilidad del sistema. Es importante porque permite realizar cambios en una parte del sistema sin afectar al resto.

13. Explique cómo la arquitectura abierta difiere de la arquitectura cerrada en sistemas de *hardware*.

La arquitectura abierta permite a los usuarios modificar y actualizar componentes del *hardware*, proporcionando flexibilidad y escalabilidad. La arquitectura cerrada, por otro lado, está controlada por el fabricante y ofrece una experiencia optimizada, pero limita las posibilidades de modificación.

14. Mencione un lenguaje de programación utilizado en proyectos de arquitectura de *hardware* y su aplicación.

- C/C++: utilizados en el desarrollo de sistemas operativos y controladores de *hardware*.
- Python: usado en proyectos de *hardware* como Raspberry Pi por su simplicidad.
- Arduino C: aplicado en el desarrollo de proyectos embebidos con Arduino.

15. Describa la importancia de la administración de datos en arquitecturas de red que manejen grandes volúmenes de información.

La administración de datos es importante para garantizar la disponibilidad, redundancia y escalabilidad en arquitecturas de red que manejen grandes volúmenes de información. Algunas herramientas, como *MongoDB* y *Apache Kafka*, facilitan la gestión de datos distribuidos y en tiempo real, lo cual asegura la eficiencia del sistema.

Solucionario Capítulo 2

1. **Explique la importancia de la descripción funcional en el desarrollo de un producto editorial multimedia.**

La descripción funcional es crucial porque define cómo funcionará el producto y cómo interactuarán los usuarios con él. Asegura que todos los elementos, desde la navegación hasta la interacción y el seguimiento del usuario, estén alineados con los objetivos del proyecto, facilitando una experiencia de usuario fluida y efectiva.

2. **Mencione un tipo de producto editorial multimedia y descríbalo brevemente.**

- Libros electrónicos interactivos: integran vídeos, animaciones y enlaces interactivos para mejorar la experiencia de lectura.
- Revistas digitales: fusionan texto, imágenes, videos y enlaces interactivos, accesibles desde cualquier dispositivo.
- *Podcasts*: programas de audio que pueden incluir entrevistas, narraciones y efectos de sonido, a menudo complementados con transcripciones y materiales adicionales en línea.

3. **¿Qué papel juega la navegación en un producto multimedia y cómo afecta a la experiencia del usuario?**

La navegación es esencial en un producto multimedia porque guía al usuario a través del contenido de manera intuitiva. Un buen diseño de navegación facilita que los usuarios encuentren lo que buscan sin frustrarse, mejorando significativamente su experiencia.

4. **Describa un ejemplo de cómo la interacción puede mejorar la experiencia en una revista digital.**

En una revista digital, la interacción podría incluir tocar una imagen para ampliarla, hacer clic en un término subrayado para ver su definición o arrastrar elementos en un juego interactivo. Estas características convierten al usuario en un participante activo, lo que aumenta su compromiso con el contenido.

5. **Explique la importancia del seguimiento y control de los usuarios en un producto editorial multimedia.**

   El seguimiento y control de los usuarios permiten entender cómo interactúan con el producto y ajustar la experiencia para mejorarla continuamente. También es crucial para personalizar el contenido y respetar la privacidad del usuario, cumpliendo con regulaciones como el RGPD.

6. **Mencione dos características que debería incluir el sistema de seguimiento y control de los usuarios en un proyecto multimedia educativo.**

   - Registro del progreso en las lecciones.
   - Análisis del tiempo dedicado a cada sección.
   - Personalización del contenido basado en el comportamiento del usuario.
   - Opciones de privacidad y gestión de datos por parte del usuario

7. **¿Qué es un diagrama de flujo y cómo se utiliza en el desarrollo de un producto editorial multimedia?**

   Un diagrama de flujo es una representación visual que muestra cómo se conectan las diferentes partes de un producto multimedia. Se utiliza para asegurar que no haya caminos rotos o sin salida, así facilita una navegación continua y coherente para el usuario.

8. **Describa cómo podría diseñarse la navegación de un libro interactivo para estudiantes de secundaria.**

   La navegación podría incluir un índice interactivo que permitiese a los estudiantes saltar entre capítulos, botones de "adelante" y "atrás" en cada página, y una barra de búsqueda para encontrar rápidamente temas específicos. El diseño debe ser responsivo, adaptarse a diferentes dispositivos.

9. **¿Cuál de los siguientes elementos es fundamental para garantizar que un producto editorial multimedia sea fácil de navegar y que los usuarios encuentren lo que buscan sin frustraciones?**

    a. La cantidad de contenido multimedia incluido.
    b. El diseño gráfico y la estética del producto.
    c. La estructura de la navegación.
    d. El número de interacciones posibles con el contenido.

10. **Explique cómo un sistema de control de itinerarios podría mejorar la experiencia de un usuario en una aplicación de *fitness*.**

    Un sistema de control de itinerarios podría rastrear qué ejercicios ha completado el usuario, mostrar su progreso y recomendarle nuevas rutinas basadas en sus preferencias anteriores, mejorando la personalización y efectividad del programa de entrenamiento.

11. **¿Qué son las etiquetas en un producto editorial multimedia y cómo pueden mejorar la experiencia del usuario?**

    Las etiquetas son términos que categorizan y organizan el contenido, facilitando su búsqueda y acceso. Mejoran la experiencia del usuario al permitirle filtrar y encontrar rápidamente el contenido relevante según sus intereses o nivel de habilidad.

12. **Describa cómo se podría estructurar un árbol de contenidos para una revista digital sobre turismo.**

    El árbol de contenidos podría organizarse en categorías principales como "Destinos", "Alojamientos", "Gastronomía" y "Actividades". Cada categoría se dividiría en subcategorías como "Playas", "Montañas", "Hoteles", "Restaurantes", etc., mostrando cómo se conecta todo el contenido de manera jerárquica.

13. **Explique cómo los iconos y la estructura de menús pueden mejorar la navegación en una aplicación de noticias digitales.**

    Los iconos facilitan la identificación rápida de secciones o acciones, mientras que una estructura de menús clara permite acceder fácilmente a las diferentes secciones de la aplicación. Por ejemplo, un menú bien organizado podría incluir iconos para las secciones, que se podrían llamar ***Noticias, Opiniones, Deportes*** y ***Entretenimiento***, cada uno dirigiendo a su respectiva sección.

14. Describa cómo un documento de funcionalidad facilita la comunicación entre el equipo editorial y el equipo de desarrollo en un proyecto multimedia.

Un documento de funcionalidad actúa como una guía detallada que especifica cómo debe funcionar el producto. Facilita la comunicación entre el equipo editorial, que define el contenido, y el equipo de desarrollo, que se encarga de la implementación técnica, asegurando que ambos estén alineados y que el proyecto se ejecute según lo planificado.

15. ¿Qué aspecto es clave para garantizar que las interacciones en un producto editorial multimedia sean efectivas y mantengan al usuario comprometido?

a. La cantidad de contenido textual que acompaña la interacción.
b. La complejidad del diseño gráfico utilizado.
c. La retroalimentación inmediata proporcionada al usuario.
d. El tamaño de los botones de navegación.

Solucionario Capítulo 3

1. **Defina qué es un contenido multimedia y explique su importancia en el diseño de productos interactivos.**

   Un contenido multimedia es cualquier tipo de información que combina texto, imágenes, sonido, vídeos o animaciones para crear una experiencia interactiva y enriquecida. Es importante porque mejora la interactividad y el atractivo visual, lo que facilita la transmisión efectiva de la información.

2. **Mencione tres tipos de contenidos multimedia utilizados en productos interactivos.**

   - Texto
   - Imágenes
   - Vídeos
   - Sonido
   - Animaciones 2D y 3D
   - Iconos
   - Elementos interactivos (botones, formularios, etc.)

3. **¿Qué formato de imagen es más adecuado para gráficos con transparencias?**

   a. JPEG
   b. PNG
   c. GIF
   d. SVG

4. **Explique las diferencias entre una animación 2D y una 3D.**

   La animación 2D utiliza gráficos planos en dos dimensiones para crear movimientos simples o transiciones; en cambio, la animación 3D añade una tercera dimensión (profundidad), lo que permite crear objetos y entornos más realistas y detallados.

5. **Describa cómo el uso de animaciones en 3D puede mejorar la interactividad de un producto multimedia.**

Las animaciones 3D proporcionan una experiencia visual inmersiva y realista que mejora la interacción con el usuario. Pueden simular objetos o escenarios complejos, haciendo que la experiencia sea más atractiva y facilitando la comprensión de conceptos visuales difíciles.

6. **Seleccione el formato de vídeo ampliamente utilizado por su equilibrio entre calidad y tamaño de archivo.**

a. AVI
b. MP4
c. MOV
d. WebM

7. **Explique cómo la correcta selección del formato de audio puede mejorar la experiencia del usuario en un producto multimedia.**

Seleccionar el formato adecuado, como MP3 para buena compresión o WAV para máxima calidad, puede garantizar una experiencia auditiva clara y agradable, mejorando la percepción del producto y facilitando la interacción sin problemas de carga o reproducción.

8. **Enumere dos criterios importantes que tener en cuenta al integrar imágenes en un producto multimedia interactivo.**

- Resolución de la imagen
- Formato de archivo
- Tamaño de archivo
- Compatibilidad con dispositivos
- Relación entre la imagen y el contexto del contenido

9. **¿Cuál de los siguientes formatos es ideal para almacenar imágenes vectoriales escalables sin pérdida de calidad?**

a. JPEG
b. PNG
c. SVG
d. GIF

10. Explique el concepto *dimensiones espaciales* en los contenidos multimedia y su importancia en el diseño web.

Las dimensiones espaciales se refieren al tamaño y la forma de un contenido multimedia en la pantalla, expresadas en píxeles. Son importantes para asegurar que los elementos se visualicen correctamente en dispositivos de diferentes tamaños, manteniendo la calidad visual y una experiencia de usuario coherente.

11. Describa cómo el *lazy loading* mejora la experiencia del usuario en páginas web con muchas imágenes.

El *lazy loading* permite cargar solo las imágenes que están a punto de aparecer en la vista del usuario mientras navega, lo que reduce el tiempo de carga inicial de la página, mejora el rendimiento y ahorra ancho de banda.

12. Mencione dos características que debe tener una animación en 2D para ser efectiva en una interfaz de usuario.

- Fluidez y velocidad adecuada.
- Coherencia con el resto de la interfaz.
- Función clara, como guiar la atención del usuario.
- No sobrecarga de la interfaz.
- Transiciones suaves y sin interrupciones.

13. Mencione dos ventajas de usar textos dinámicos en productos multimedia interactivos.

- Se adaptan en tiempo real a las interacciones del usuario.
- Mejoran la personalización del contenido según el contexto.
- Facilitan la actualización automática del contenido.
- Aumentan la interactividad del producto.

14. Explique el papel de la gestión del color en la integración de elementos multimedia en pantallas interactivas.

La gestión del color garantiza que estos se presenten de manera coherente en diferentes dispositivos, creando un equilibrio visual que mejora la legibilidad y la cohesión estética del producto. Un buen manejo del color también puede guiar la atención del usuario y mejorar la accesibilidad.

15. Describa el impacto que tienen las dimensiones temporales en el uso de vídeo y audio en productos multimedia.

Las dimensiones temporales, como la duración y el ritmo, son claves para la fluidez del contenido multimedia. Un ritmo adecuado mantiene la atención del usuario, mientras que la sincronización precisa entre el audio y el vídeo asegura una experiencia coherente y envolvente.

Solucionario Capítulo 4

1. Explique la importancia de la proporción en el diseño multimedia.

La proporción en el diseño multimedia se refiere a la relación de tamaño entre los elementos visuales en una interfaz. Una correcta proporción permite una integración armoniosa de los componentes y facilita la jerarquización de la información, destacando elementos prioritarios para guiar la atención del usuario de manera efectiva. Además, una proporción equilibrada mejora la legibilidad y la funcionalidad al evitar confusiones.

2. Mencione un tipo de ritmo que se puede aplicar en el diseño de una interfaz multimedia y explique su efecto en la experiencia del usuario.

- Ritmo regular: los elementos visuales se repiten a intervalos constantes, creando una sensación de orden y estabilidad.
- Ritmo fluido: los intervalos entre elementos varían, aportando dinamismo al diseño.
- Ritmo progresivo: los elementos aumentan o disminuyen de tamaño o frecuencia, lo que genera un efecto visual de crecimiento o reducción.

3. ¿Qué es el equilibrio asimétrico y en qué tipo de productos multimedia se recomienda su uso?

El equilibrio asimétrico se logra distribuyendo elementos de forma desigual, pero equilibrando su peso visual, para crear una sensación dinámica y moderna. Este tipo de equilibrio es recomendable en productos multimedia creativos, como portafolios de diseño o sitios web de agencias de publicidad, donde se busca transmitir innovación y originalidad.

4. Defina la importancia de la legibilidad en el diseño multimedia.

La legibilidad se refiere a la facilidad con la que el usuario puede leer y entender el texto en una interfaz. Es fundamental para que el contenido sea accesible.

5. **Seleccione la opción correcta: ¿qué técnica es más adecuada para asegurar la adaptabilidad de un diseño a diferentes formatos?**

   a. Uso de imágenes rasterizadas
   b. Diseño responsivo
   c. Estilo en línea
   d. Uso de fuentes fijas

6. **Describa cómo se puede integrar la interactividad en un boceto multimedia y proporcione un ejemplo.**

   La interactividad en un boceto multimedia se integra mediante la representación visual de los elementos interactivos, como botones, menús y formularios, y la descripción de sus comportamientos. Ejemplo: en un boceto de una tienda *online* se pueden incluir botones de **Añadir al carrito** con anotaciones que indiquen su comportamiento al ser clicados, como cambios de color o mensajes de confirmación.

7. **Explique el concepto *navegación horizontal* y en qué tipo de productos multimedia es más adecuada.**

   La navegación horizontal se basa en el uso de pestañas o elementos dispuestos en línea horizontal para organizar secciones de una interfaz. Es adecuada para productos con secciones claras y definidas, como aplicaciones de gestión de proyectos, donde se necesita acceder rápidamente a diferentes áreas de trabajo.

8. **¿Qué es un árbol de navegación y cómo ayuda en el diseño multimedia?**

   Un árbol de navegación es una representación jerárquica de las páginas y secciones de un producto multimedia. Ayuda a organizar la estructura de la información, pues permite al usuario navegar de manera lógica y encontrar el contenido de manera eficiente, lo que mejora la experiencia de usuario.

9. **Mencione un aspecto clave que considerar al diseñar mensajes de error en una interfaz multimedia.**

   - Claridad: los mensajes deben ser claros y explicar el problema.
   - Orientación: deben ofrecer sugerencias para resolver el error.
   - Tono amigable: usar un lenguaje positivo para evitar frustrar al usuario.

10. Describa el propósito de utilizar plantillas en el diseño multimedia.

Las plantillas en el diseño multimedia proporcionan una estructura predefinida que estandariza la disposición de elementos visuales. Facilitan la coherencia y la eficiencia en el proceso de diseño, pues permiten que los componentes se mantengan uniformes en todas las pantallas o páginas del producto.

11. ¿Qué tipo de diagrama se utiliza para representar el flujo de navegación en un producto multimedia? ¿Por qué es importante?

El diagrama de flujo se utiliza para representar el recorrido lógico que seguirá el usuario. Es importante porque permite visualizar el flujo completo del usuario, identificar posibles cuellos de botella y asegurar que la navegación sea clara y eficiente.

12. Complete la frase:

La **proporción** en el diseño de productos multimedia se refiere a la relación de tamaño entre los diferentes elementos visuales dentro de una pantalla o interfaz.

13. Explique cómo la planificación de estilos impacta en la coherencia visual de un producto multimedia.

La planificación de estilos implica definir pautas visuales, como tipografías, colores y espacios, que se aplicarán de manera consistente en todo el diseño. Esto asegura que cada sección o pantalla siga un conjunto de reglas visuales, manteniendo una apariencia uniforme y profesional que facilita la experiencia del usuario.

14. Elija una propuesta de interacción que mejore la experiencia de usuario en una aplicación educativa interactiva. Justifique su elección.

Propuesta: interacciones basadas en gestos táctiles, como deslizar para pasar de una lección a otra. Los gestos táctiles son naturales y fáciles de aprender, lo que proporciona una experiencia más fluida y atractiva para los usuarios, especialmente en dispositivos móviles, mejorando la interacción con el contenido educativo.

15. Complete la frase:

El **ritmo** en el diseño multimedia se refiere a la disposición y repetición de elementos visuales para crear una experiencia fluida y coherente para el usuario.

Solucionario 4

Desarrollo de prototipos de productos editoriales multimedia

Solucionario Capítulo 1

1. **Defina qué es un prototipo multimedia:**

   Un prototipo multimedia es una representación inicial de un producto o proyecto multimedia en desarrollo. Se utiliza para visualizar, probar y refinar ideas antes de la creación del producto final, integrando texto, imágenes, vídeos, audio y animaciones.

2. **Complete la siguiente oración:**

   Las páginas web pueden ser **estáticas** o **dinámicas**. Las páginas **estáticas** son sitios con contenido fijo, mientras que las páginas **dinámicas** permiten que el contenido cambie según la interacción del usuario o de otras variables como la hora.

3. **Indique si las siguientes oraciones son verdaderas o falsas. Justifique la respuesta.**

   a. La valoración de la complejidad del prototipo no afecta a la calidad del producto final.

      ☐ Verdadero
      ☑ **Falso**

      La valoración de la complejidad del prototipo es fundamental para anticipar y mitigar riesgos, lo que asegura que el prototipo cumpla con los estándares de calidad esperados.

   b. Los CD y DVD son actualmente los soportes físicos más utilizados para almacenar y distribuir contenidos multimedia.

      ☐ Verdadero
      ☑ **Falso**

      Los CD y DVD han caído en desuso debido al crecimiento del almacenamiento en la nube y los medios digitales.

4. Relacione cada tipo de página web con su descripción correspondiente:

a. Blog
b. Web corporativa
c. *E-commerce*
d. Redes sociales

c. Tiendas en línea con carritos de compras.
d. Páginas que permiten la interacción entre usuarios.
a. Publicaciones de contenido cronológico inverso.
b. Páginas que presentan productos y servicios de una empresa.

5. ¿Cuál de las siguientes páginas es un ejemplo de página de *e-commerce?*

a. *Wikipedia*
b. *Amazon*
c. *Behance*
d. *Coursera*

6. ¿Qué es la nube?

La nube es un sistema de almacenamiento que permite guardar y gestionar datos en servidores remotos accesibles a través de internet, en lugar de hacerlo localmente en un dispositivo físico.

7. ¿Cuál de las siguientes plataformas es un ejemplo de red social?

a. *BlinkLearning*
b. *Adobe*
c. *Canva*
d. *LinkedIn*

8. Complete la siguiente oración.

El guion multimedia debe incluir los siguientes elementos: título, **introducción**, objetivos, contenido, elementos **visuales** y la interacción con el **usuario**.

9. **Mencione dos tipos de páginas web dinámicas y explique en qué se diferencian.**

   Páginas web de *e-commerce* y redes sociales.

   La diferencia principal radica en que las webs de *e-commerce* están centradas en transacciones comerciales, mientras que las redes sociales están orientadas a la interacción social.

10. **Explique brevemente las principales opciones de navegación que puedes encontrar en una página web.**

    Las principales opciones de navegación incluyen el menú principal, que permite acceder a las secciones clave; la barra de navegación, que suele estar fija en la parte superior; el menú hamburguesa, un icono que despliega opciones en móviles; la navegación en el pie de página, con enlaces a páginas secundarias; y la barra de búsqueda, que permite encontrar contenido específico dentro del sitio.

11. **¿Qué tipos de elementos debe incluir un prototipo multimedia para guiar la atención del usuario y mejorar la experiencia de navegación?**

    El diseño de un prototipo multimedia debe incluir elementos visuales y de interactividad.

12. **Determine si la siguiente oración es verdadera o falsa: "Una de las ventajas de las páginas web estáticas es que permiten la actualización de contenido en tiempo real". Justifique la respuesta.**

    ☐ Verdadero
    ☑ **Falso**

    Las páginas web estáticas no permiten la actualización de contenido en tiempo real, esa es una característica de las páginas dinámicas.

13. Defina brevemente el concepto de "interfaz de usuario" en un prototipo multimedia. ¿Qué incluye?

La interfaz de usuario en un prototipo multimedia es la representación visual e interactiva a través de la cual los usuarios interactúan con el sistema o producto. Incluye todos los elementos gráficos, como menús, botones, imágenes, vídeos, y otros componentes que permiten la navegación y el uso del contenido multimedia.

14. Explique por qué es importante la valoración de la complejidad del prototipo en relación con el proyecto y qué factores influyen en esta valoración.

La valoración de la complejidad del prototipo es importante porque permite anticipar y gestionar posibles desafíos tanto técnicos como creativos que puedan surgir durante su desarrollo. Si esta valoración no se realiza adecuadamente, es probable que el proyecto sufra retrasos o sobrecostos. Los factores que influyen en esta valoración incluyen el nivel de detalle requerido, las tecnologías y materiales a utilizar, la interactividad del prototipo, las capacidades del equipo de trabajo, el tiempo disponible, y los recursos necesarios. Asimismo, se debe evaluar si el prototipo es factible dentro de los límites del presupuesto y cronograma establecidos.

15. ¿Cuál es la importancia de la selección de los elementos que conforman un prototipo y cómo se determina qué elementos deben incluirse?

La selección de los elementos que conforman un prototipo es fundamental para asegurar que este sea funcional y cumpla con los objetivos del proyecto. La elección adecuada de estos elementos permite que el prototipo sea atractivo, interactivo y útil para el usuario final. Para determinar qué elementos incluir, se puede partir del diseño ya conceptualizado o basarse en el guion del proyecto. En cualquiera de los enfoques, es esencial considerar factores como la coherencia visual, la funcionalidad, y cómo los elementos gráficos, interactivos y multimedia refuerzan la narrativa y objetivos del proyecto. Además, es importante que los elementos seleccionados se adapten a las necesidades del usuario final.

Solucionario Capítulo 2

1. **¿Qué son las herramientas de autor?**

   Las herramientas de autor son programas o aplicaciones informáticas que permiten a los usuarios crear, editar y organizar contenidos multimedia sin requerir conocimientos profundos de programación.

2. **Complete la siguiente oración:**

   Las herramientas de autor permiten crear, editar y organizar contenidos **multimedia** de forma sencilla, sin requerir conocimientos profundos de **programación**.

3. **Indique si las siguientes oraciones son verdaderas o falsas. Justifique la respuesta.**

   a. Las herramientas de autor son utilizadas principalmente para el desarrollo de videojuegos.

      ☐ Verdadero
      ☑ **Falso**

      Aunque algunas herramientas se utilizan para la creación de videojuegos, su uso se extiende a la creación de contenidos educativos, multimedia y más.

   b. Adobe Captivate es un *software* de código abierto.

      ☐ Verdadero
      ☑ **Falso**

      Adobe Captivate es un *software* propietario.

4. **Relacione cada herramienta de autor con su aplicación:**

   a. *Adobe Animate*
   b. *Moodle*
   c. *WordPress*

b. Creación de sitios web
c. Creación multimedia
a. *E-learning*

5. Enumere tres tipos de herramientas de autor según el tipo de contenido que crean.

1. Herramientas para creación multimedia.
2. Herramientas para *e-learning.*
3. Herramientas para desarrollo web.

6. Clasifique las siguientes herramientas según su tipo de distribución: *Adobe Captivate, Moodle* y *Google Sites.*

- *Adobe Captivate: software* propietario.
- *Moodle: software* de código abierto.
- *Google Sites:* herramienta basada en la nube.

7. ¿Cómo se denomina a la línea del tiempo para organizar eventos?

Cronograma

8. Defina qué son las herramientas de autor colaborativas.

Son herramientas que permiten a varios usuarios trabajar simultáneamente en un mismo proyecto, compartiendo tareas y progresos en tiempo real.

9. ¿Cuál de las siguientes es una herramienta con editores de código?

a. *Wix*
b. *Visual Studio Code*

10. ¿Qué es una API en el contexto de las herramientas de autor?

Es una interfaz de programación que permite a los desarrolladores extender la funcionalidad de las herramientas de autor e integrarlas con otros sistemas.

11. A continuación se presenta una lista de componentes y herramientas. Clasifique cada uno en la columna correspondiente, ya sea *software* o *hardware:* Procesador (CPU), Sistema operativo *(Windows, Linux),* Tarjeta gráfica, *Microsoft Word,* Teclado, *Adobe Photoshop,* Memoria RAM, *Google Chrome,* Monitor, BIOS.

Software	***Hardware***
Sistema operativo *(Windows)*	Procesador (CPU)
Microsoft Word	Tarjeta gráfica
Adobe Photoshop	Teclado
Google Chrome	Memoria RAM
BIOS	Monitor

12. Explique por qué las herramientas de autor son esenciales para el desarrollo de contenidos multimedia sin necesidad de poseer conocimientos avanzados de programación.

Las herramientas de autor permiten a usuarios no técnicos crear contenido multimedia de alta calidad gracias a interfaces intuitivas y elementos predefinidos. Esto facilita la creación de proyectos interactivos y educativos, reduciendo el tiempo y esfuerzo necesarios para programar desde cero.

13. Describa cómo las herramientas de autor ayudan a garantizar la compatibilidad de los contenidos en diferentes dispositivos.

Las herramientas de autor permiten crear contenido responsivo o multiplataforma, lo que asegura que los proyectos se vean y funcionen correctamente en distintos dispositivos, como ordenadores, *smartphones* o tabletas, sin necesidad de hacer ajustes manuales para cada plataforma.

14. Explique las diferencias entre las herramientas de autor colaborativas e individuales.

Las herramientas colaborativas permiten que varios usuarios trabajen en el mismo proyecto en tiempo real, lo que es ideal para equipos de trabajo, mientras que las herramientas individuales están diseñadas para ser usadas por una sola persona, limitando la colaboración directa.

15. Describa cómo las herramientas de autor con editores de código manual ofrecen mayor personalización.

Las herramientas con editores manuales de código permiten a los usuarios escribir o modificar el código fuente directamente, lo que les da un control total sobre el diseño y la funcionalidad, permitiendo ajustes detallados y la integración de funcionalidades personalizadas.

Solucionario capítulo 3

1. **Indique si son verdaderas o falsas las siguientes frases:**

   a. Los lenguajes de marcado son utilizados para definir la estructura de documentos digitales.

      ☑ **Verdadero**
      ☐ Falso

   b. CSS se utiliza principalmente para la lógica del servidor en aplicaciones web.

      ☐ Verdadero
      ☑ **Falso**

2. **¿Qué tipo de lenguaje es *Javascript?***

   Es un lenguaje de guiones o *scripting.*

3. **¿Cuál es el lenguaje utilizado para aplicar estilos visuales a los documentos HTML?**

   CSS

4. **Complete las siguientes oraciones:**

   - **HTML** es un lenguaje de marcado que se utiliza para estructurar contenido en la web.
   - **SVG** permite la creación de gráficos vectoriales escalables y se basa en XML.

5. **¿Qué etiqueta se usa para crear un enlace en HTML?**

   <a>

6. Relacione los conceptos.

a. HTML
b. CSS
c. *JavaScript*
d. XML

c. Estilo y apariencia
a. Lenguaje de programación
b. Lenguaje de marcado
d. Interactividad y funcionalidad

7. ¿Cuál de los siguientes no es un lenguaje de marcado?

a. HTML
b. XML
c. *JavaScript*
d. XHTML

8. ¿Qué función desempeñan los lenguajes de presentación en el desarrollo web?

Los lenguajes de presentación, como CSS, se utilizan para definir el estilo y la apariencia visual del contenido estructurado en HTML.

9. Defina qué es XML

XML *(Extensible Markup Language)* es un lenguaje de marcado utilizado para almacenar y transportar datos de manera estructurada.

10. ¿Qué lenguaje se utiliza para definir la estructura de una página web?

HTML

11. ¿Qué son los lenguajes derivados de XML y cuál es su utilidad?

Los lenguajes derivados de XML, como XHTML y SVG, aprovechan la estructura de XML para definir otros tipos de contenido. XHTML combina HTML con las reglas de XML, lo que permite un mayor rigor en la sintaxis, mientras que SVG permite crear gráficos vectoriales escalables que se pueden integrar fácilmente en páginas web.

12. Clasifique los siguientes lenguajes y tecnologías según su categoría: HTML, CSS, *JavaScript*, PHP, SQL, XML, JSON, *Ruby*, C# y *Swift*.

- Lenguajes de Marcado: HTML, XML, JSON
- Lenguajes de Presentación: CSS
- Lenguajes de Guiones: *JavaScript*, PHP
- Lenguajes de Programación: *Ruby*, C#, *Swift*
- Lenguajes de Consulta de Bases de Datos: SQL

13. Explique cómo CSS mejora la experiencia del usuario en una página web.

CSS permite controlar la apariencia visual del contenido, incluyendo colores, tipografías y disposiciones. Un diseño bien realizado mejora la legibilidad, la navegación y la estética general, lo que resulta en una experiencia de usuario más satisfactoria.

14. Describa cómo *JavaScript* contribuye a la interactividad en aplicaciones web.

JavaScript permite agregar interactividad al contenido web, como respuestas a clics de usuario, desplazamientos y entradas en formularios. Esto facilita una experiencia dinámica y atractiva, que puede incluir animaciones y actualizaciones de contenido en tiempo real.

15. ¿Qué importancia tiene la compatibilidad entre navegadores en el desarrollo web?

La compatibilidad entre navegadores es esencial porque garantiza que todos los usuarios, sin importar el navegador que utilicen, tengan acceso al contenido de manera uniforme. Diferencias en la interpretación del código pueden afectar la presentación y funcionalidad, por lo que realizar pruebas en múltiples navegadores es fundamental.

Solucionario Capítulo 4

1. **Defina qué es un prototipo en el contexto del desarrollo de productos multimedia.**

   Un prototipo es una representación preliminar de un producto que permite visualizar y evaluar conceptos antes de su producción final.

2. **Complete las siguientes oraciones:**

   - El **montaje** es el proceso de organizar los elementos gráficos y textuales en una página de manera armoniosa y efectiva.
   - Las **herramientas de autor** son herramientas de *software* que permiten crear contenido interactivo sin necesidad de programación avanzada.

3. **Indique si las siguientes oraciones son verdaderas o falsas.**

   a. El diseño previo de un prototipo debe incluir solo el contenido visual sin considerar la funcionalidad interactiva.

      ☐ Verdadero
      ☑ **Falso**

   b. La funcionalidad parcial se refiere a la efectividad de cada una de las pantallas en el prototipo, mientras que la funcionalidad total abarca la funcionalidad general del producto.

      ☑ **Verdadero**
      ☐ Falso

4. **Relacione las siguientes plataformas con su uso adecuado:**

   a. Ordenadores
   b. Móviles
   c. Realidad Virtual

   b. Entornos inmersivos y tridimensionales.
   c. Mayor capacidad gráfica y visualización de más información.
   a. Interacción táctil y diseño responsivo.

5. **Enumere tres elementos que deben considerarse al integrar imágenes en un prototipo multimedia.**

   Resolución, tamaño de archivo, formato de imagen.

6. **Indique qué tipo de formato son los siguientes tipos de archivo de audio.**

   - MP3: formato comprimido de audio.
   - WAV: formato sin comprimir para audio de alta calidad.
   - OGG: formato abierto de alta calidad.

7. **¿A qué hace referencia la interactividad en productos multimedia?**

   La interactividad en productos multimedia permite que los usuarios participen activamente en la experiencia, a través de elementos como botones, menús, simulaciones o cuestionarios.

8. **Explique qué se entiende por funcionalidad parcial en el desarrollo de un prototipo.**

   La funcionalidad parcial se refiere a las características y capacidades de cada pantalla o sección del producto, asegurando que cada parte del prototipo cumpla su propósito específico en la experiencia del usuario.

9. **¿Cuál es el objetivo principal del test A/B?**

   a. Mejorar el contenido visual.
   b. Comparar dos versiones de un producto para ver cuál tiene mejor rendimiento.
   c. Evaluar el rendimiento de los vídeos.
   d. Crear un diseño de interfaz.

10. Mencione dos tipos de interactividad que se pueden implementar en un prototipo multimedia.

Cuestionarios, simulaciones.

11. Indique si las siguientes características pertenecen a la animación 2D o 3D.

a. Permite la exploración de la profundidad y visualización desde diferentes ángulos. **Animación 3D**
b. Se utiliza para crear modelos que se mueven en un espacio tridimensional. **Animación 3D**
c. Generalmente es más gráfica y estilizada, con un estilo visual plano. **Animación 2D**
d. Tiene limitaciones en cuanto a la profundidad, solo presenta objetos en un plano. **Animación 2D**

12. Describa las principales consideraciones al integrar iconos y menús en un prototipo multimedia.

Los iconos deben ser representativos y fácilmente reconocibles, colocados en lugares estratégicos para facilitar la navegación. Los menús deben ser jerárquicos, claros y accesibles, adaptándose tanto a dispositivos móviles como de escritorio.

13. ¿Qué beneficios tiene la implementación de la interactividad en un prototipo multimedia y cómo puede mejorar la experiencia del usuario?

La interactividad permite que el usuario participe activamente en el contenido, mejorando la retención de información y facilitando un aprendizaje más dinámico. Además, ofrece la posibilidad de personalizar la experiencia, haciéndola más atractiva y efectiva.

14. ¿Por qué es importante seleccionar las herramientas de autor adecuadas para la creación de prototipos multimedia?

Elegir las herramientas adecuadas facilita el proceso de desarrollo, asegurando que se puedan crear productos interactivos con la calidad deseada, sin complicaciones técnicas. Además, estas herramientas deben ser compatibles con las plataformas en las que se desplegará el producto final.

15. Describa cómo la evaluación continua y las modificaciones en los prototipos contribuyen al éxito del producto final.

La evaluación continua permite realizar ajustes basados en la retroalimentación de los usuarios y las pruebas de usabilidad, mejorando la funcionalidad, la accesibilidad y la experiencia del usuario. Las modificaciones aseguran que el prototipo cumpla con los objetivos establecidos y se adapte a las necesidades cambiantes del mercado.

Solucionario Capítulo 5

1. **¿Qué es una animación web?**

   Una animación web es el uso de movimientos, transiciones y efectos visuales dentro de una página web para hacer el contenido más interactivo y atractivo.

2. **Complete las siguientes oraciones:**

   a. En el proceso de diseño web, el **efecto de *Parallax*** es un tipo de animación que crea la ilusión de profundidad al mover capas de contenido a diferentes velocidades.
   b. Una base de datos en la que los datos se organizan en tablas es conocida como base de datos **relacional**.

3. **¿Cuáles son los estados de un botón en interactividad según la función?**

   Estado normal, Estado *hover*, Estado activo y Estado *focus*.

4. **Clasifique los siguientes tipos de bases de datos según su modelo: *PostgreSQL, MongoDB, Neo4j, MySQL, Cassandra* y *SQLite*.**

   - Relacional: ***PostgreSQL, MySQL, SQLite.***
   - No relacional: ***MongoDB, Cassandra.***
   - De grafos: ***Neo4j.***

5. **Enumere las formas normales en la normalización de bases de datos.**

   - Primera Forma Normal (1FN)
   - Segunda Forma Normal (2FN)
   - Tercera Forma Normal (3FN)

6. **Indique si las siguientes frases son verdaderas o falsas.**

   a. Los gráficos vectoriales son independientes del tamaño y se basan en píxeles.

   ☐ Verdadero
   ☑ **Falso**

   b. El proceso de normalización en bases de datos busca evitar la redundancia y mejorar la eficiencia.

   ☑ **Verdadero**
   ☐ Falso

7. **Defina gráfico vectorial.**

   Los gráficos vectoriales son imágenes creadas mediante líneas, formas geométricas y curvas matemáticas, que mantienen su calidad y resolución independientemente del tamaño.

8. **¿Qué se entiende por "estado *hover*" de un botón?**

   Es el estado visual de un botón cuando el cursor del usuario pasa sobre él, generalmente con cambios como un cambio de color o un efecto de sombra.

9. **¿Qué tipo de interactividad se puede configurar en Adobe XD?**

   a. Animaciones en 3D
   b. Transiciones de imágenes
   c. Efectos de *Parallax*
   d. Efectos de sonido y vídeo

10. **¿Qué programa es el más apropiado para crear las imágenes que se usarán en prototipos?**

    Adobe Illustrator.

11. ¿Qué herramienta usaría para agregar interactividad en un prototipo web?

Usaría *Adobe XD* para agregar interactividad en un prototipo web, ya que permite crear transiciones, animaciones y botones interactivos fácilmente.

12. ¿Cómo se normaliza una base de datos?

La normalización organiza los datos en tablas para eliminar redundancias y mejorar la eficiencia, asegurando que cada columna tenga un único valor y las relaciones entre tablas sean claras.

13. ¿Cuál es la principal ventaja de usar gráficos vectoriales en lugar de gráficos rasterizados?

Los gráficos vectoriales no pierden calidad al cambiar de tamaño.

14. Explique la diferencia entre una base de datos relacional y una base de datos no relacional.

Las bases de datos relacionales organizan los datos en tablas con filas y columnas, utilizando claves primarias y foráneas para establecer relaciones entre ellas. Son ideales para manejar datos estructurados y realizar consultas complejas, como en sistemas de gestión de datos empresariales. Por otro lado, las bases de datos no relacionales almacenan los datos de manera más flexible, utilizando formatos como documentos, pares clave-valor o grafos. Son más adecuadas para manejar grandes volúmenes de datos no estructurados o cambiantes, y son escalables, lo que las hace ideales para aplicaciones con datos en constante evolución.

15. Describa cómo funciona el concepto de "recursión" en el diseño web.

La recursión en el diseño web se refiere a la repetición o ciclo de un mismo componente o acción dentro de una interfaz. Es un proceso en el que un componente o elemento se repite varias veces o se anida dentro de sí mismo para generar una acción continua o interacciones cíclicas. Un ejemplo común en diseño web es el uso de menús desplegables, que se abren y cierran repetidamente al interactuar con ellos.

Solucionario Capítulo 6

1. **¿Qué es un *wireframe*?**

   Un *wireframe* es una representación visual esquemática que muestra la estructura básica de una página web o aplicación móvil, destacando elementos clave como menús, botones, y áreas de contenido, sin incluir detalles gráficos.

2. **Defina el término *widget*.**

   Un *widget* es un componente interactivo de una interfaz de usuario que permite realizar acciones específicas como hacer clic, escribir, o desplazarse.

3. **¿Qué diferencia a los *wireframes* estáticos de los interactivos?**

   Los *wireframes* estáticos muestran la estructura básica sin interacciones, mientras que los interactivos simulan navegación y comportamiento de usuario.

4. **Indique si las siguientes frases son verdaderas o falsas.**

   a. SaaS requiere instalación local para su funcionamiento.

      ☐ Verdadero
      ☑ **Falso**

   b. Los botones son ejemplos de *widgets* en una GUI.

      ☑ **Verdadero**
      ☐ Falso

5. **Complete las siguientes oraciones.**

   a. Los repositorios de *widgets* permiten ahorrar **tiempo** en el desarrollo de interfaces.
   b. Los deslizadores o ***sliders*** se utilizan para ajustar configuraciones como **volumen** o brillo.

6. Clasifique las herramientas según su tipo: *Figma, Adobe XD, Axure* y *Google Drive.*

- SaaS: ***Figma, Google Drive.***
- Instalables: ***Axure, Adobe XD.***

7. Enumere 4 elementos clave que forman parte de un *wireframe.*

- Menú de navegación
- Botones de acción
- Campos de formulario
- Pies de página

8. ¿Qué tipo de *wireframe* permite la navegación entre pantallas?

Los *wireframes* interactivos.

9. ¿Cuál es una característica principal de las herramientas SaaS?

a. Requieren instalación local
b. Funcionan sin conexión a internet
c. Permiten colaboración en tiempo real
d. Solo funcionan en sistemas operativos específicos

10. Justifique el uso de *wireframes* antes de pasar al desarrollo de una interfaz final.

Los *wireframes* permiten definir la estructura básica de una página web o aplicación móvil. Usarlos antes de la interfaz final permite probar la interacción entre los elementos, mejorar la navegación y la disposición, y detectar problemas de usabilidad de forma temprana, lo que asegura que el diseño cumpla con los objetivos del proyecto.

11. Explique cómo los *widgets* contribuyen a la funcionalidad de una interfaz.

Los *wireframes* permiten planificar la estructura y funcionalidad de la interfaz, identificando posibles problemas antes de invertir tiempo y recursos en el desarrollo final. Esto asegura que el diseño cumpla con los objetivos del proyecto y las expectativas del usuario, minimizando errores y cambios costosos en etapas avanzadas.

12. **Describa las diferencias entre herramientas SaaS y herramientas instalables en local.**

    Las herramientas SaaS funcionan en la nube, requieren conexión a internet y permiten colaboración en tiempo real. Las instalables requieren instalación y pueden usarse sin internet, ofreciendo mayor control.

13. **¿Por qué es importante exportar prototipos en diferentes formatos, como PDF, HTML o PNG?**

    Exportar prototipos en diversos formatos facilita la presentación y revisión del diseño. Por ejemplo, los PDF son ideales para compartir *wireframes* estáticos con clientes, los HTML permiten probar prototipos interactivos en navegadores, y los PNG son útiles para incluir capturas en documentos o presentaciones. Esto asegura flexibilidad en el proceso de desarrollo y comunicación.

14. **Explique el rol de los repositorios de *widgets* en el diseño de interfaces.**

    Los repositorios de *widgets* son conjuntos organizados de componentes reutilizables diseñados para optimizar el tiempo de desarrollo, garantizar consistencia en el diseño y facilitar la adaptación de los proyectos. Por ejemplo, incluyen botones, menús, y campos de formulario, listos para ser personalizados según las necesidades del diseño.

15. **Describa cómo se utiliza la técnica de Arrastrar y soltar en herramientas como *Adobe XD* para acelerar la creación de prototipos.**

    La técnica de Arrastrar y soltar permite seleccionar componentes predefinidos, como botones o menús, y ubicarlos directamente en el lienzo de diseño. Esto agiliza el proceso de creación, ya que no se requiere construir los elementos desde cero. Además, los componentes pueden personalizarse fácilmente en tamaño, color o interacciones, optimizando el tiempo y la precisión del diseño.

Solucionario 5

Integración de la funcionalidad en productos multimedia

Solucionario Capítulo 1

1. **Termine la siguiente oración:**

   Una de las principales reglas de la accesibilidad es permitir que una determinada información pueda ser utilizada por el mayor número de personas, **independientemente de sus capacidades y esto es aplicable también al diseño multimedia.**

2. **Marque la opción de "Verdadero" o "falso" correspondiente a cada pregunta.**

   a. DHTMLX es un sistema de diseño de páginas dinámicas interactivas.

      ☑ **Verdadero**
      ☐ Falso

   b. La navegación de tipo MALLA permite realizar una navegación lineal, pero con la posibilidad de visitar pantallas anteriores.

      ☐ Verdadero
      ☑ **Falso**

   c. Un árbol de contenidos es un gráfico o esquema diseñado para definir los textos que permiten navegar mediante la técnica de hipertexto.

      ☐ Verdadero
      ☑ **Falso**

3. **Ponga un ejemplo de error de la aplicación por un mal uso de la misma por parte del usuario.**

   Una pantalla debe mostrar un vídeo, el cual por olvido no ha sido incluido en el CD-Rom donde se ha publicado la aplicación. Cuando el usuario desea ver el vídeo pulsando en el enlace correspondiente, la aplicación que está programada para reproducirlo no lo encuentra y por tanto genera el error.

4. Identifique la diferencia entre enlace, botón e icono. ¿En qué sentido se pueden asociar?

Un enlace es un vínculo a una determinada información, y puede ser un botón, un texto (hipertexto) o cada opción de un menú desplegable. El botón puede tener asignado un enlace, pero también cualquier otra acción, por ejemplo cerrar la aplicación. Un icono por otro lado va a ser siempre una representación gráfica de algo y puede tener un enlace asociado o no. Se puede dar el caso de que un icono al tener un enlace se considere un botón.

5. Rellene los espacios en blanco con las palabras que crea conveniente.

El **hipertexto** desde el punto de vista del lector es un documento electrónico en el que la información se presenta en forma de una red de nodos y **enlaces,** donde hay un proceso mecánico en el que la navegación se produce al hacer **clic** sobre un determinado vínculo o **etiqueta.**

6. Cite cuatro características que debe tener una buena interfaz.

Usable, accesible, visualmente atractiva y coherente.

7. Busque en la siguiente sopa de letras elementos que puedan formar parte de un producto editorial multimedia.

M	A	G	R	I	P	**E**
S	**E**	**B**	**O**	**T**	**O**	**N**
Q	P	**N**	R	E	G	**L**
A	Ñ	K	**U**	X	B	**A**
S	B	X	E	T	Ñ	**C**
V	**I**	**D**	**E**	**O**	T	**E**
Y	T	W	L	B	W	A
A	**U**	**D**	**I**	**O**	G	J
H	U	E	R	E	F	Z

8. **Respecto a la generación dinámica de pantallas, relacione con flechas las características que en general son una ventaja y las que son o pueden ser una desventaja.**

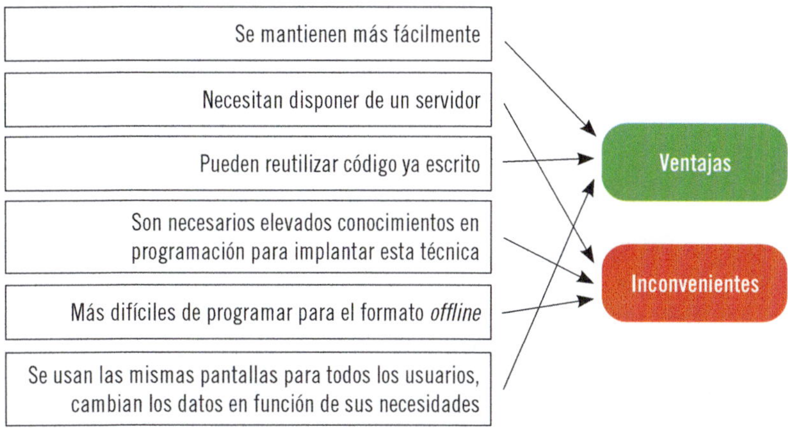

9. **El *software* para la elaboración de productos multimedia suele ofrecer un amplio conjunto de eventos y acciones programadas, las cuales pueden clasificarse de manera general en:**

   - ☐ Acciones de envío de documentos PDF por correo.
   - ☑ **Acciones de navegación.**
   - ☐ Acciones de exportación de archivos multimedia
   - ☑ **Acciones de reproducción multimedia.**
   - ☐ Acciones de comunicación con los dispositivos WIFI.

10. **Explique cuál es la relación entre un árbol de contenido y el menú de navegación de un producto editorial multimedia.**

    El árbol debe definirse después de tener claro cuál es el contenido de la aplicación multimedia, sus temas, pantallas principales o nodos, etc. Una vez diseñado el árbol, y en función de las características de este, su amplitud, profundidad y relaciones entre los nodos, se diseña el menú de navegación que mejor se adapta a él.

11. En la siguiente imagen se muestran cuatro esquemas conceptuales correspondiente a cuatro tipos de navegación. Diga cómo se llama cada uno:

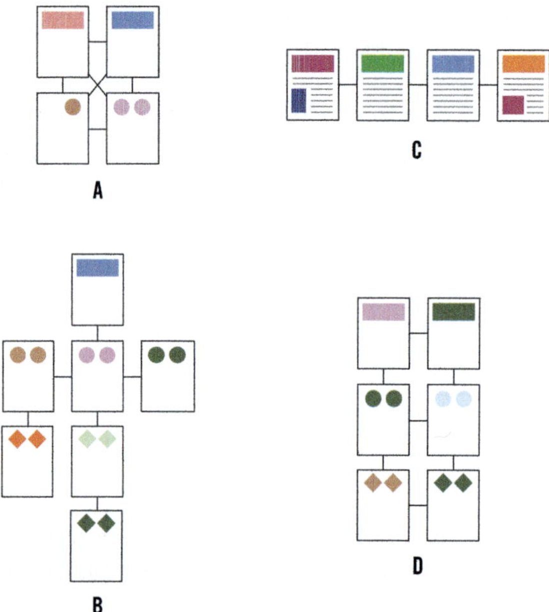

a. **Navegación malla completa**
b. **Navegación jerárquica**
c. **Navegación lineal**
d. **Navegación malla.**

12. De una manera genérica, la usabilidad se consigue diseñando interfaces que cumplan, entre otras, algunas de estas propiedades:

- ☐ Los contenidos son muy bonitos.
- ☑ **Los contenidos y el sistema de navegación, están organizados correcta y eficientemente.**
- ☐ Los elementos más importantes entretienen a los usuarios.
- ☐ Los elementos se distribuyen artísticamente de cualquier manera.

13. Hay aplicaciones multimedia donde la funcionalidad de la interfaz se basa en características propias de un determinado...

- ☐ Texto.
- ☑ **Tema.**
- ☐ Botón.
- ☐ Enlace.

14. Rellene los espacios en blanco con las palabras que crea conveniente.

Se considera interfaz o de manera más técnica **GUI** -Graphical User Interface (Interfaz Gráfica de Usuario)- al conjunto de elementos **gráficos,** que hacen posible la **interacción** entre una persona y un ordenador, normalmente mediante un sistema de visualización o **periférico de salida,** como puede ser la pantalla o monitor y unos periféricos de entrada como son el ratón, el **teclado** y/o los dispositivos táctiles.

15. ¿Qué característica hace de la navegación lineal ampliada más conveniente de usar en general, que la navegación lineal?

Permite más posibilidades en la navegación, como saltar algunas pantallas, visitar pantallas anteriores o acceder de manera directa a la pantalla inicial.

Solucionario Capítulo 2

1. **Cite los codecs que se usan en la reproducción de vídeo en formato AVI.**

   DivX, XviD, MP3 y AC3.

2. **Marque de las siguientes opciones, cual NO se considera una herramienta de autor:**

   - ☐ Adobe Animate
   - ☐ VLC
   - ☑ **Java Virtual Machine**
   - ☐ Adobe Dreamweaver

3. **Termine la siguiente oración:**

   Un producto editorial multimedia publicado en formato flash dentro de una página web, es multiplataforma, pues cualquier usuario en cualquier parte del mundo podrá **acceder a ella mediante un ordenador conectado a Internet, independientemente del sistema operativo o arquitectura del mismo.**

4. **Una herramienta de autor debe:**

   a. Permitir establecer los aspectos que definen la interactividad de la aplicación.

   - ☑ **Verdadero**
   - ☐ Falso

   b. Obligar al usuario a utilizar un lenguaje de programación propio.

   - ☐ Verdadero
   - ☑ **Falso**

   c. Permitir insertar objetos multimedia como secuencias de audio y vídeo.

   - ☑ **Verdadero**
   - ☐ Falso

5. **Complete los espacios vacíos con las palabras adecuadas.**

Un **codec** es una pequeña aplicación que sirve para **reproducir** un archivo multimedia, normalmente de audio o de vídeo, que ha sido codificado o **comprimido.** Se usan frecuentemente para **reducir** los tamaños de las películas de vídeo y el audio digital, facilitando así su reproducción y **descarga.**

6. **Usando una herramienta de autor, intentamos insertar un vídeo en nuestro proyecto multimedia y no se reproduce. Escriba una posible solución.**

Una de las primeras cosas que hay que hacer es comprobar que los codecs que usa el archivo están instalados en el propio equipo. Si se tienen hay que actualizarlos y si no hay que instalarlos.

7. **Relacione con una flecha, los puertos que se listan a continuación con su respectivo tipo.**

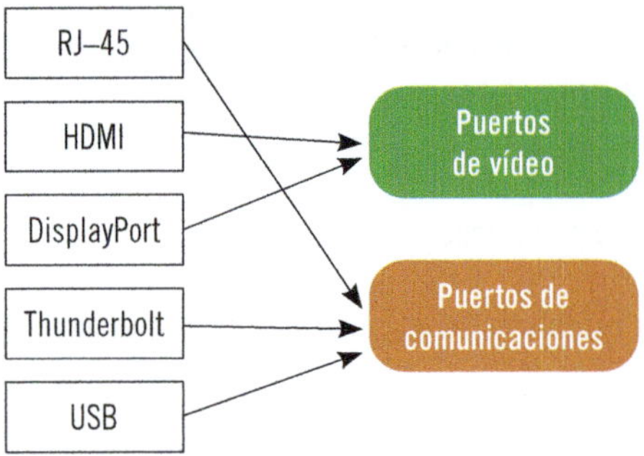

8. **Escriba cuatro dispositivos o plataformas de destino actuales, que tienen un gran futuro o al menos que no están obsoletas.**

Móviles inteligentes o "smartphones", televisión inteligente o "smartTV", Tablet PC y Blu-Ray.

9. **Marque la opción que no se considera como un parámetro que define la calidad del audio digital:**

   ☑ **Volumen del audio.**
   ☐ Número de bits usados en la codificación.
   ☐ Número de canales –mono o stereo–.
   ☐ Frecuencia de muestreo.

10. **Sitúe en su grupo correspondiente –tipo de aplicación– los siguientes programas: Cinelerra, Adobe Director, Adobe Audition, Neobook, Adobe Flash, Cool Edit Pro, Sony Vegas Pro, Windows Movie Maker, Clic, Adobe Premiere, Audacity y Adobe Authorware.**

Herramientas de autor	Aplicaciones de edición de vídeo	Aplicaciones de edición de audio
Adobe Animate	*Adobe Premiere*	*Adobe Audition*
Adobe Captivate	*Adobe After Effects*	*Logic Pro X*
Articulate 360	*Power Director 365*	*Audacity*
Adobe Dreamweaver	*Nero Video*	

11. **¿Qué importancia tiene un "Service Pack" en los sistemas Windows?**

En los sistemas *Windows* hay que tener instalado el último "Service Pack" recomendado, ya que contiene las actualizaciones de seguridad y rendimiento más importantes y es a veces necesario para el funcionamiento de determinados programas.

12. Busque en la siguiente sopa de letras nombres de conceptos relacionados con las herramientas de autor, componentes multimedia y formatos de publicación.

Z	**B**	P	T	H	O	**P**
I	**L**	**J**	**A**	**V**	**A**	**L**
F	**U**	T	**L**	L	C	**A**
G	**R**	**O**	**T**	A	W	**Y**
R	**A**	**D**	**A**	F	Y	**E**
B	**Y**	**E**	**V**	T	W	**R**
N	P	**C**	**O**	S	P	**O**
A	X	U	**Z**	L	K	Z
D	**E**	**P**	**U**	**B**	H	B

13. Seleccione aquel conjunto de componentes que no son imprescindibles en un entorno de desarrollo multimedia, o bien que no necesitan tener unas altas prestaciones:

- ☐ Procesador, memoria, almacenamiento.
- ☐ Tarjeta de vídeo, tarjeta de sonido, altavoces.
- ☑ **Impresora, ratón óptico, micrófono.**
- ☑ **Gafas 3D, escáner 3D, televisor 3D.**

14. Rellene los espacios en blanco con las palabras que crea conveniente.

El **vídeo** es el componente más "pesado" pues, su uso, implica manejar una gran cantidad de **datos.** Se suele reproducir a un número de **fotogramas** por segundo, que oscila entre **16 y 30,** dependiendo de la calidad que se quiera ofrecer. Influye también la **resolución,** el número de colores que se utilicen, los datos de audio y por supuesto la duración. El sonido del vídeo, deben tener el formato adecuado, perfectamente **sincronizado** con las imágenes, de forma que no se produzcan saltos y pérdida de información.

15. Cite cinco formatos de sonido importantes hoy día en el desarrollo multimedia.

MP3, MP4A, FLAC, ACC y WAV.

Solucionario Capítulo 3

1. **Indica si las siguientes oraciones son verdaderas o falsas.**

   a. *LibreOffice Impress* no permite importar presentaciones en formato ppt.

      ☐ Verdadero
      ☑ **Falso**

   b. Actualmente se usa *Google Slides* en lugar de *Google Drive* para realizar presentaciones en línea.

      ☑ **Verdadero**
      ☐ Falso

   c. *Wondershare* es la aplicación para crear presentaciones de *Apple.*

      ☐ Verdadero
      ☑ **Falso**

   d. *Canva* no es gratuita.

      ☐ Verdadero
      ☑ **Falso**

2. **Cite cuatro "players" o reproductores ya programados, que pueden utilizarse en una página web.**

   FlowPlayer, VLC, JWPlayer y FlareVideo

3. **Marque de las siguientes opciones, cual NO se considera un lenguaje de marcas:**

   ☐ HTML.
   ☐ SGML.
   ☑ **UML.**
   ☐ XML.

4. **Complete los espacios vacíos con las palabras adecuadas.**

HTML es un lenguaje **interpretado.** Esto significa que un documento *HTML* es "leído" por un **navegador web.** En el proceso de interpretación, el navegador transforma todas las **etiquetas** o marcas que encuentra en el documento, en una **representación visual** del contenido en la pantalla, o en cualquier otro medio que el usuario pueda ver.

5. **¿Cuál es la estructura básica de un documento *HTML,* en lo que se refiere a sus etiquetas fijas principales?**

Un documento *HTML* tiene una estructura fija compuesta por unas etiquetas principales que son "<html>","<head>" y "<body>". Todo el contenido de la página debe estar entre las etiquetas <html> y </html>. En la cabecera, <head>...</head> se definen aspectos tales como el título de la página. Las etiquetas <body> y </body> definen el comienzo y final respectivamente del cuerpo de la página, donde se incluye realmente la información del documento junto con las marcas que le dan forma y estilo.

6. **De los siguientes lenguajes de guión, cuáles son del lado del cliente y cuáles del lado del servidor (unir mediante flechas).**

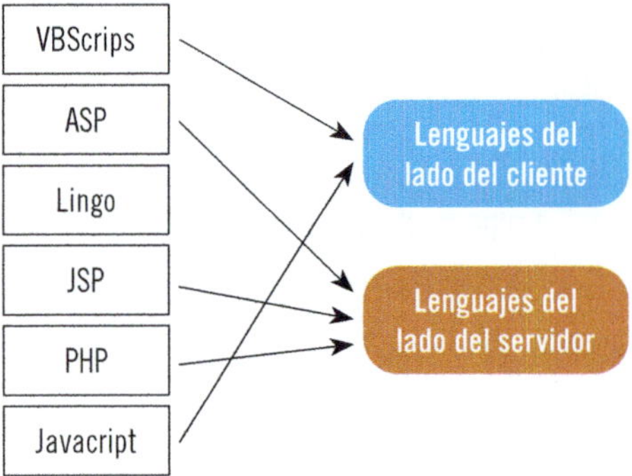

Nota: Lingo no se considera ni del lado del cliente ni del lado del servidor pues se utilizaba anteriormente con Adobe Director y no pertenece a estos lenguajes de desarrollo web.

7. **Explique brevemente para qué sirve un lenguaje de marcas o de marcado, cuál es el más conocido y usado hoy día, y de qué lenguaje deriva.**

   Un lenguaje de marcas o de marcado, sirve para establecer una serie de propiedades y estilos visuales sobre información textual, video-gráfica, sonora, o de cualquier otro tipo, mediante marcas o anotaciones asociadas a dichos elementos. El lenguaje de marcas más conocido y utilizado hoy día es el *HTML* el cual deriva de *SGML*.

8. **El lenguaje de guión *Javascript* se usa frecuentemente para...**

   ☑ **Definir la acción a realizar cuando se pulsa sobre un determinado objeto.**
   ☐ Establecer el estilo de un objeto.
   ☑ **Crear funciones que no ofrece el *HTML*.**
   ☐ Marcar un texto con formato de párrafo.

9. **Termine la siguiente oración:**

   Los lenguajes de marcas se almacenan en ficheros de texto planos y son interpretados por un navegador web en el ordenador del cliente. Los lenguajes de guiones también, pero son **son interpretados por otros programas, asociados normalmente a un servidor web y los resultados se envían al navegador del cliente a través de una red telemática.**

10. **¿Qué hace el siguiente código *HTML*?** `<embed src="presenta.avi" width="640" height="480" autostart="true">`

    Insertar directamente un clip de vídeo de 640 píxeles de ancho por 480 de alto y autocomienzo, en la página web.

11. Busque en las siguientes celdas algunos de los lenguajes de guión más importantes.

				V			P	H	P
				B					Y
J	A	V	A	S	C	R	I	P	T
S			S	R					H
P			P	I					O
				P					N
				T					

12. Seleccione la opción de publicación no válida para una aplicación interactiva multimedia realizada con *Google Slides:*

- ☐ Flash (.swf).
- ☐ Proyector Windows (.exe).
- ☑ **Adobe PDF (.pdf).**
- ☑ **Microsoft Powerpoint (.ppt).**
- ☐ HTML (.html).

13. Cite el nombre de algunos procesadores de texto que permiten crear y editar documentos *HTML.*

"Bloc de Notas", Notepad++, JEdit y EmEditor.

14. Sitúe en el grupo correspondiente al tipo de aplicación, los siguientes programas (un programa o aplicación puede estar en más de un grupo distinto): *Microsoft Powerpoint, "Bloc de Notas", Adobe Dreamweaver, HTML-Kit, Python, Prezi, Kompozer y Canva.*

***Software* lenguaje de guion**	***Software* lenguaje de marcado**	***Software* de presentación**
Adobe Dreamweaver *HTML-Kit* *Adobe Flash* *Kompozer*	*"Bloc de Notas"* *Adobe Dreamweaver* *HTML-Kit* *Kompozer*	*Microsoft Powerpoint* *Adobe Flash* *Prezi* *Wondershare*

15. Rellene los espacios en blanco con las palabras que crea conveniente.

Los lenguajes del lado del cliente, son aquellos que normalmente aparecen en documentos **HTML,** aunque también pueden aparecer en documentos **ASP** o PHP. Se llaman "del lado del cliente" porque son **interpretados** por un **navegador** web una vez cargada la página web en el ordenador de la persona que la ha solicitado. Estos lenguajes ofrecen una mayor **funcionalidad** a la página web, haciéndola más **interactiva.**

Solucionario Capítulo 4

1. **En un documento *CSS* se guardan...**

   - ☐ Un conjunto de etiquetas junto a sus propiedades principales.
   - ☑ **Selectores o nombres, que representan un conjunto de propiedades y sus valores.**
   - ☐ El resultado de estilo generado por un lenguaje de guión en el marcador.
   - ☐ Todas las opciones son incorrectas.

2. **Complete los espacios vacíos con las palabras adecuadas.**

   Los productos editoriales multimedia realizados mediante lenguajes de marcado y/o de **guiones,** es decir los productos ***"online"*** como las páginas web interactivas multimedia, tienen el lenguaje ***HTML*** como base principal de su desarrollo, y las hojas de estilo ***CSS*** como mecanismo más importante de definición consistente de la **presentación.**

3. **Relacione las funciones de la columna de la izquierda con el objeto *ASP* correspondiente de la columna de la derecha.**

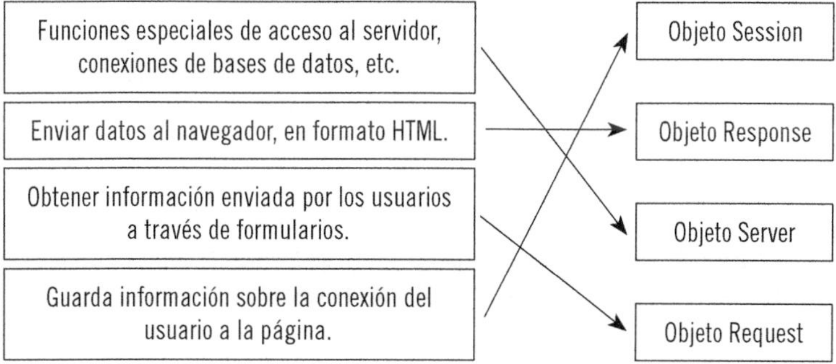

4. **Explique qué es y qué utilidad tiene el código "`SELECT * FROM cursos;`".**

Es código *SQL*, es decir, instrucciones en el lenguaje de consulta estandarizado, que permite recuperar todos los datos de una tabla, en este caso los datos de la tabla "cursos". Se utiliza en lenguajes de guión como *ASP* y *PHP* para enviar al navegador web del cliente datos recuperados de una consulta en formato *HTML*.

5. **La estructura básica de un documento *HTML* está formado por...**

- ☐ Línea inicial, `<HEAD>...</HEAD>` y `<BODY>...</BODY>`.
- ☐ La línea inicial, la cabecera y el cuerpo.
- ☐ Las etiquetas `<DIV>`, `<TABLE>` y `<SPAN>`.
- ☑ **Las dos primeras respuestas son las correctas.**

6. **¿Qué hace el siguiente código *CSS?***

```
a.link01 {color:black; font-weight:bold;
text-decoration:none;}

a.link01:hover {color:red; font-weight:bold;
text-decoration:underline;}
```

Define un estilo llamado "`Link01`" que al aplicarlo sobre un enlace *HTML* (etiqueta "`<a>`") el texto del enlace cambia de color negro a color rojo y se subraya.

7. **Cuando la diferenciación entre contenido y formato no está bien definida y se hace un incorrecto uso de las opciones de interactividad, se pueden encontrar diversos problemas. Respecto a la idea de definir el estilo de la presentación para superarlos...**

   a. Surge la publicación de la recomendación "Hojas de estilo en cascada" o *CSS*...

   - ☑ **Verdadero**
   - ☐ Falso

b. ... Por parte de *Microsoft*...

- ☐ Verdadero
- ☑ **Falso**

c. ... En el año 1994.

- ☐ Verdadero
- ☑ **Falso**

8. Defina brevemente *DTD* en el ámbito de las transformaciones *XSLT*.

DTD son las siglas en inglés de "Definiciones de Tipo de Documento"y es un documento que sirve para definir y validar la estructura de un archivo *XML*, sus elementos, atributos, orden en el que aparecen, relaciones entre los mismos, etc.

9. Sitúe los siguientes fragmentos de código, en su grupo correspondiente.

- window.confirm(Seguro?')
- width:"100%";
- target="_blank"
- <table>
- </body>
- line-height: 12px
- cliente_ciudad.lenght==0
- font-size:12pt;
- <a href="www.google.es">
- document.write("<br>");
- visibility:hidden;
- alert("Error, pulse ESC")

HTML	*CSS*	*JavaScript*
<a href="www. google.es"> </body> <table> target="_blank"	font-size:12pt; line-height: 12px visibility:hidden; width:"100%";	document.write(" "); window.confirm(Seguro?') cliente_ciudad. lenght==0 alert("Error, pulse ESC")

10. **Cite el nombre de cuatro lenguajes interpretados de servidor.**

ASP, PHP, JSP y Adobe ColdFusion.

11. **Busque en la siguiente tabla palabras relacionadas con el entorno de desarrollo multimedia *Adobe Dreamweaver.***

A	D	Z	Y	**H**	I	A	E	D	F	Y	C
F	C	**C**	K	**T**	V	**P**	L	S	**D**	H	A
A	**F**	**O**	**R**	**M**	**U**	**L**	**A**	**R**	**I**	**O**	T
H	S	**D**	Q	**L**	Y	**A**	H	M	**V**	A	O
E	T	**I**	T	J	F	**N**	N	**S**	T	N	J
T	I	**G**	F	E	S	**T**	O	**N**	J	O	R
Y	**B**	**O**	**D**	**Y**	A	**I**	B	**I**	Q	M	G
X	G	O	H	I	N	**L**	I	**P**	M	P	G
S	Y	P	R	N	E	**L**	A	**P**	U	S	A
H	A	X	C	**H**	**E**	**A**	**D**	**E**	**R**	I	E
Z	S	L	A	S	H	O	U	**T**	C	X	Y

12. **¿Cuál de las siguientes transformacions *XSLT* no existe?:**

- ☐ *XML a XML.*
- ☐ *XML a PDF.*
- ☑ ***XML a EXE.***
- ☐ *XML a HTML.*

13. **Respecto a la vinculación de estilos *CSS* a un documento *HTML*, termine el siguiente párrafo:**

Puede vincularse el archivo *CSS* a cada uno de los documentos *HTML* donde se quiera usar. Esto se hace con la etiqueta "`<link>`" Puede vincularse el archivo *CSS* a cada uno de los documentos *HTML* donde se quiera usar. Esto se hace con la etiqueta "`<link>`" **en la cabecera de la página de cada documento *HTML*. Esta etiqueta, le indica al navegador que use las reglas de estilo *CSS* del fichero "estilo.css", localizado mediante la propiedad "`href`".**

14. **Inserte en los cuadros numerados, los objetos *DOM* que faltan.**

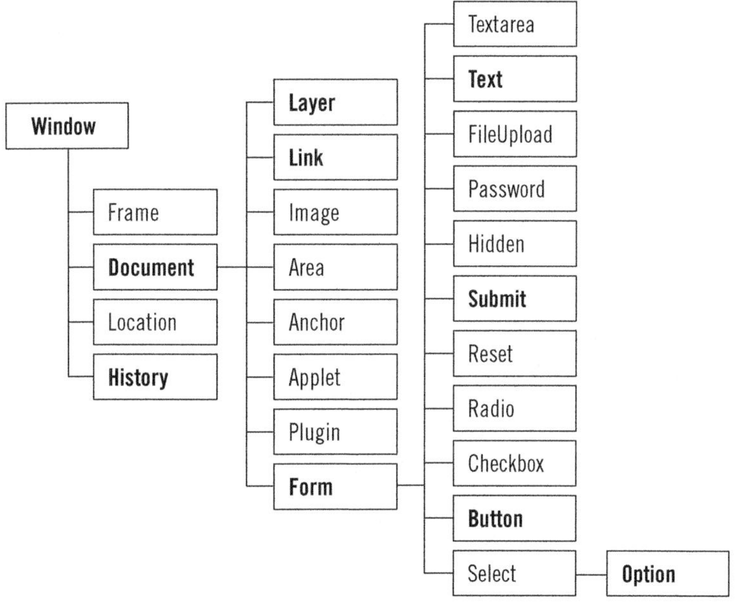

15. **Cite el nombre de algunas de las nuevas tecnologías que permiten el desarrollo de productos editoriales multimedias publicados en internet.**

HTML5, CSS3, PHP, ASP, JSP, ColdFusion, JavaScript, XML, DTD, Node.js, React.js, Agu-7lar, Vue.js, o *JQuery*

Solucionario Capítulo 5

1. **Para la imagen que se muestra a continuación, se pretende vincular cada una de las cuatro zonas de la ciudad, con una página donde se muestra más información. ¿Cuál es la mejor manera de implementar esta funcionalidad? ¿Mediante imágenes de sustitución, con sus respectivos vínculos, o mediante un mapa de imagen? Si elige esta segunda opción, diga porqué, y dibuje las áreas que forman las zonas de vínculos del mapa.**

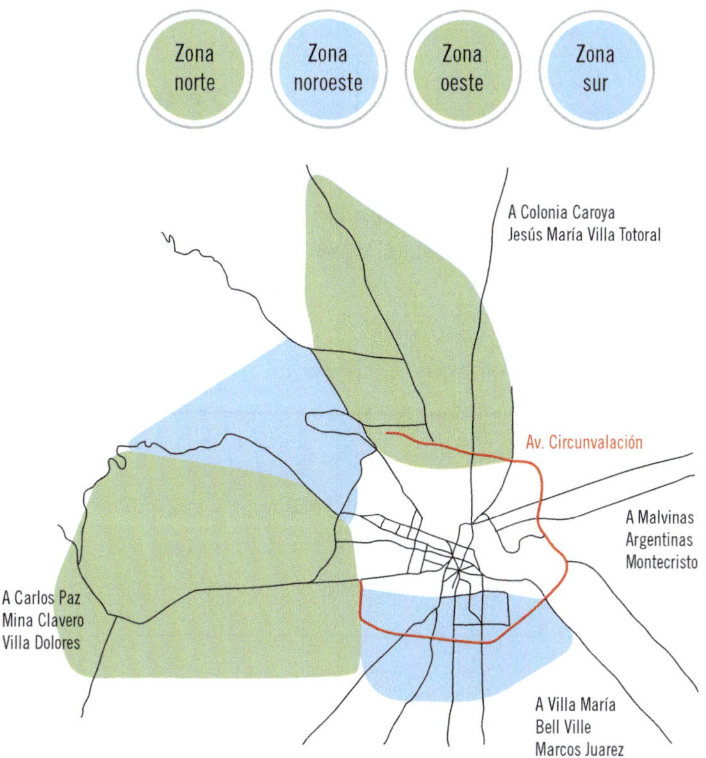

Dada la forma de las zonas de la ciudad, la inserción de botones de tipo imagen de sustitución se hace imposible, pues estas zonas no son cuadradas o rectangulares y son contiguas. Se opta por implementar los vínculos mediante un mapa de imagen, usando áreas poligonales para las zonas de la ciudad, y circulares para los iconos de la izquierda.

2. **Dadas las funcionalidades descritas en la columna de la izquierda, escriba en la columna de la derecha, el comportamiento en *Adobe Animate* que las implementa.**

Funcionalidad	Comportamiento
Hace que la reproducción de la animación comience desde un fotograma específico	"Go to and Play"
Asigna una acción específica que se activa cuando el usuario hace clic con el ratón en un elemento	"Mouse Click"
Permite arrastrar un elemento y soltarlo en otro lugar de la escena, activando una acción específica al soltarlo	"Drag and Drop"
Asigna una acción específica que se activa cuando se mueve el ratón sobre un elemento	"Mouse Move"

3. **Teniendo en cuenta que en el canal 10 hay un texto explicativo colocado justo debajo del botón "Galería de fotos", ¿Qué hace el siguiente código *Lingo* asociado a dicho botón?**

```
on MouseEnter(me)
   Sprite(10).visible=True
End MouseEnter
on MouseLeave(me)
   Sprite(10).visible=False
End MouseLeave
```

Este código hace que cuando el puntero del ratón pasa por el área ocupada por el botón "Galería de fotos" se hace visible el canal 10, por lo que se ve el texto explicativo que está en dicho canal. Cuando el puntero del ratón sale del área del botón, el canal 10 se oculta, y así el texto deja de verse. Se aconseja ocultar el canal 10 en el primer fotograma de la película.

4. **Complete los espacios vacíos con las palabras adecuadas.**

   En la etapa de **diseño previo,** tras estudiar y analizar detalladamente los requisitos del producto, se debe realizar la **temporización** del mismo. Hay que marcar mediante esquemas y hasta el nivel de detalle que sea necesario, los **hitos** o **pantallas principales,** en qué **fotogramas** comienza y termina cada una y qué elementos del **reparto** utiliza.

5. **Respecto al ensamblado vertical, por capas o canales...**

   a. Mediante el lenguaje de marcas *HTML* se crea la estructura principal de la interface y con estilos *CSS* se define las propiedades de los objetos que la componen.

      ☐ Verdadero
      ☑ **Falso**

   b. El estilo visual puede ser tan complejo como se desee.

      ☑ **Verdadero**
      ☐ Falso

   c. Las modificaciones y actualizaciones no suelen ser costosas.

      ☐ Verdadero
      ☑ **Falso**

6. **¿Qué lenguaje puede ser usado tanto en ensamblado horizontal como en el vertical?**

   JavaScript.

7. **Busque en la siguiente estructura, palabras relacionadas con el entorno de desarrollo multimedia de *Adobe Premiere.***

	S	E	C	U	E	N	C	I	A
					S				
					C				
			E	F	E	C	T	O	
					N				
				C	A	P	A		
		C			R				
V	E	L	O	C	I	D	A	D	
		I			O				
		P							

8. **¿Qué características de ensamblado debe tener un conjunto de iconos, implementado en lenguaje *HTML?***

Los iconos, todos del mismo tamaño se insertan en celdas iguales de una tabla. Al tener un tamaño idéntico, aparecen alineados a la misma altura consiguiéndose así un estilo visual más coherente. Cualquier celda de una tabla (`"<td>"`) tiene la propiedad `"align"` que permite establecer la alineación horizontal de los elementos que contenga y `"valign"` para la alineación vertical.

9. **¿Qué estilo *CSS* permite repetir una imagen de fondo solo horizontalmente?**

- ☑ **style="background-repeat:repeat-x"**
- ☐ style="background-repeat:repeat-y"
- ☐ style="background-repeat:repeat"
- ☐ style="background-repeat:no-repeat

10. Complete los espacios vacíos con las palabras adecuadas.

El ensamblado **vertical** o por capas consiste en importar los elementos multimedia a la "biblioteca del producto", donde se almacenan en el **panel del proyecto**, y desde donde se podrán arrastrar a la **línea del tiempo** y trabajar así con ellas en el proyecto de vídeo. Se podrán determinar las características de la **interactividad** y funcionalidad que deben tener.

11. ¿Cómo se establece la resolución en píxeles de ancho y de alto de un producto editorial multimedia realizado con *Adobe Premiere?*

Se puede ajustar la resolución del proyecto yendo a **Archivo** en la barra de menú y seleccionando "Configuración del proyecto". En esta ventana, se puede ver y editar la resolución actual del proyecto en píxeles de ancho y alto. Simplemente modifica los valores según tus necesidades y haz clic en **Aceptar** para aplicar los cambios.

12. En *Adobe Premiere,* ¿Dónde aparecen directamente los objetos importados, como imágenes o sonidos?

En el panel del proyecto.

13. Explique brevemente el concepto de biblioteca multimedia, cuántos tipos principales hay y para qué sirven.

A partir de los bocetos previos se genera todo el material gráfico que forma parte de la interfaz del producto, y los archivos multimedia. Se aconseja ordenar estos archivos en dos s, una de las cuales es la "biblioteca de materiales originales", donde como su nombre indica están los archivos originales de imagen, sonido, vídeo y textos, principalmente, los cuales no serán usados directamente. La otra es la "biblioteca multimedia del producto" y contiene los ficheros y elementos definitivos que van a ser usados, preparados con las características y requisitos necesarios.

14. Clasifique los siguientes conceptos, en función de si están relacionados con el ensamblado horizontal o el ensamblado vertical.

- Sprite
- <map>
- Background="Asfalt.jpg"
- Tooltip
- On KeyDown
- <div>
- Href="imágenes/logo.gif"
- Drop Shadow Filter
- Jump to Movie Button
- Import
- Position:absolute
- Behavior
- Multimedia Online
- CSS

Ensamblado horizontal	Ensamblado vertical
<map> Background="Asfalt.jpg" <div> href="imagenes/logo.gif" position:absolute Multimedia Online CSS	Sprite Tooltip On KeyDown Drop Shadow Filter Jump to Movie Button Import Behavior

15. Respecto al ensamblado horizontal o plano, ¿cuál de las siguientes afirmaciones es falsa?

- ☐ En la fase de ensamblado se utilizan los lenguajes de marcas y guiones.
- ☐ Se ensambla por zonas o áreas mediante etiquetas <table> aunque se aconseja usar etiquetas <div>.
- ☑ **Es imposible conectar estos productos a sistemas de bases de datos.**
- ☐ Es importante implementar la interactividad definida en el guión mediante lenguajes como *JavaScript*.

Solucionario 6

Publicación de productos editoriales multimedia

Solucionario Capítulo 1

1. **Cuando un usuario solicita la carga de una página web, como puede ser <http://www.castillosmedievales.com>, el servidor web puede que ejecute por defecto el archivo...**

    a. ... "inicio.html".
    b. ... "default.css".
    c. ... "castillosmedievales.com".
    d. ... "index.html".

2. **¿A qué lenguaje pertenece y qué hace la siguiente línea de código?**

```
<img src="imagenes/banner01.jpg" width="620" height="90">
```

Es un código escrito en lenguaje HTML que sirve para mostrar en la página una imagen llamada "banner01.jpg", que se encuentra en el subdirectorio "imagenes" del servidor, con un ancho y un alto de 620 y 90 píxeles respectivamente.

3. **El concepto de evolucionar un prototipo o producto básico mediante iteraciones, a través de la "experiencia de usuario", se identifica con las siglas...**

    a. ... UML.
    b. ... UCE.
    c. ... UX.
    d. ... USB.

4. **Explique qué es un prototipo de tipo *Sketch*.**

Es un prototipo similar a un boceto realizado con lápiz y papel que representa, en las etapas más iniciales, el concepto o idea general, el esquema y la distribución de los elementos de diseño, e incluso algunos detalles funcionales del producto. Se suele usar también en las primeras entrevistas con el cliente y en reuniones internas del equipo de desarrollo.

5. **Complete los espacios vacíos con las palabras adecuadas.**

Para alojar el producto multimedia en un **servidor web** se debe realizar una copia o transferencia de los archivos, desde el **equipo local** donde se ha desarrollado, al **servidor.** Esto puede hacerse con cualquier programa informático que permita **comunicar** ambos equipos mediante protocolo **FTP** (siglas de **File Transfer** Protocol o protocolo de transferencia de archivos).

6. **Busque en la siguiente tabla herramientas *software* relacionadas con el diseño y la publicación web.**

S	**V**	T	U	O	T	F	S	F	E	M	H
Z	**I**	R	H	**E**	F	I	V	S	K	F	**P**
L	**S**	V	N	**L**	D	L	S	A	E	K	**Y**
D	**U**	E	**J**	**E**	**K**	**Y**	**L**	**L**	E	R	**T**
G	**A**	R	D	**M**	G	Z	J	E	J	C	**H**
T	**L**	C	A	**E**	S	I	F	G	H	I	**O**
I	**S**	A	D	**N**	P	H	T	S	H	O	**N**
S	**T**	E	X	**T**	V	L	S	Z	K	P	C
E	**U**	F	**J**	**O**	**O**	**M**	**L**	**A**	C	J	F
G	**D**	X	S	**R**	I	S	M	M	A	T	E
X	**I**	S	E	Q	A	H	J	S	E	A	H
A	**O**	A	T	E	B	**G**	**I**	**T**	**H**	**U**	**B**

7. Relacione los conceptos con sus respectivos nombres.

a. Conjunto de características que hacen posible el uso de los productos multimedia *online* por todas las personas.
b. Garantía de protección al derecho a la intimidad y la privacidad, en lo que concierne al tratamiento de los datos personales.
c. Requisitos de ergonomía para trabajos de oficina con pantallas de visualización de datos.
d. Facilidad con la que los usuarios utilizan un producto y consiguen, eficazmente y de manera sencilla, determinados objetivos.

b. LOPD.
d. Usabilidad.
c. Normas UNE-EN 9241 y UNE-EN-ISO 9241.
a. Accesibilidad.

8. Los productos multimedia diseñados para su publicación en internet suelen programarse mediante los lenguajes...

... HTML, XHTML, XML, Javascript, ASP, PHP y CSS.

9. Respecto a la publicación en un servidor web, determine si son correctos o incorrectos los siguientes datos de acceso:

a. Nombre de la sesión de FTP: "http://www.castillosmedievales.com".

☐ Verdadero
☑ **Falso**

b. Servicio de FTP: "Usuario: JCarlosEspinosa; Contraseña:0Ua_89FQI9".

☑ **Verdadero**
☐ Falso

c. Directorio remoto: "C:\Documents and Settings\Administrador\Servidor".

☐ Verdadero
☑ **Falso**

10. ¿Qué hace el siguiente código CSS?

```
vinculo1 {color:white; font-weight:bold; text-decoration:none;}
vinculo1:hover {color:yellow; font-weight:bold; text-decoration:underline;}
```

Define un estilo llamado "vinculo1" que, al aplicarlo sobre un enlace HTML (etiqueta "<a>"), el texto del enlace cambia de color blanco a color amarillo y se subraya, cuando el usuario sitúa el ratón encima del enlace.

11. Ofrezca para los siguientes problemas o situaciones su solución correspondiente, en el ámbito de seguridad, salud y buenas prácticas medioambientales.

Problema / Situación	Solución
Ir a visitar a un cliente en coche para entregarle una documentación.	**Enviar los documentos por correo electrónico.**
Imprimir 300 hojas del borrador de un proyecto con el fin de corregir posibles errores.	**Imprimir en las caras libres de folios ya usados y en calidad borrador o ECO.**
Lesiones en espalda, hombros o cuello, producidas por una mala postura al estar sentado.	**Usar sillas que cumplan con unas características mínimas en cuanto a ergonomía y mejorar los hábitos posturales.**
Fatiga visual provocada por estar muchas horas "delante del ordenador" y usar monitores antiguos.	**Sustituir los monitores CRT convencionales por pantallas planas LED que emiten menos radiación, y realizar pequeños descansos cada cierto tiempo.**

12. ¿Qué es la ISO 9000?

A nivel internacional, es una de las normas más importantes. Es un amplio compendio de normas sobre calidad y gestión de calidad, aplicables a cualquier organización o actividad que se oriente a producir bienes o servicios.

13. Determine si las siguientes oraciones sobre la publicación de contenidos multimedia mediante las herramientas de autor como *Premier, Adobe Photshop* y *Adobe InDesign* son veraderas o falsas.

a. *Adobe Premier* permite exportar archivos con formato de vídeo.

☑ **Verdadero**
☐ Falso

b. *Adobe InDesign* permite editar directamente el HTML de una página web.

☐ Verdadero
☑ **Falso**

c. *Adobe Photoshop* permite editar una fotografía y luego subirla al sitio web.

☑ **Verdadero**
☐ Falso

14. Complete los espacios vacíos con las palabras adecuadas.

Los lenguajes de **guiones** son lenguajes cuyo código, que suele estar almacenado en un archivo de texto **plano** o incrustado en el documento **HTML**, es ejecutado por un **intérprete** en tiempo real, con el objetivo de resolver un determinado problema, funcionalidad o **interacción** con el usuario. Se dividen principalmente en lenguajes de guiones del lado del **cliente** y del lado del **servidor**.

15. ¿Qué no es imprescindible para publicar un producto editorial multimedia en un servidor web?

a. Un servicio de alojamiento en dicho servidor.
b. Una herramienta de autor como *Adobe Dreamweaver.*
c. Un nombre de usuario y contraseña para conectarse al servidor por FTP.
d. Un cliente FTP.

Solucionario Capítulo 2

1. **La Norma española que se centra en regular y organizar los procesos relacionados con las tecnologías de la información y comunicación (TIC) es:**

    a. UNE-ISO 9001.
    b. UNE-ISO/IEC 20000.
    c. UNE-ISO 14000.
    d. ISO 9000.

2. **En el desarrollo de productos editoriales multimedia, los discos duros son necesarios pues...**

    ... los archivos de trabajo suelen tener gran tamaño, en especial los vídeos y secuencias de audio. Además, los procesos de edición generan archivos temporales, ficheros de mezcla de medios, archivos de copias de seguridad, etc., que han de ser almacenados en dispositivos de alta capacidad.

3. **¿Qué tipo de programa o herramienta es necesario para transferir los archivos de un producto multimedia a memorias *Flash,* memorias USB y discos internos o externos?**

    a. Es necesario utilizar el *software* de transferencia de datos Nero Burning ROM.
    b. Directamente, usando un administrador de archivos o comandos de copia del sistema operativo.
    c. Lo más cómodo es descargar estos archivos desde internet, y guardarlos en dichos soportes.
    d. Todas las opciones son incorrectas.

4. **Complete los espacios vacíos con las palabras adecuadas.**

    Una herramienta de autor debe permitir **publicar** el producto multimedia en los formatos **ejecutables** más comunes, como "***.exe**" en los sistemas *Windows,* "*.app" en los sistemas ***Macintosh,*** o "***.html**" y "*.swf" para la publicación en la web. Esto hace posible la ejecución de la aplicación en un determinado **soporte** y/o **plataforma.**

5. **Busque en la siguiente estructura dispositivos y soportes físicos digitales vigentes u obsoletos.**

P		C								
D	V	D		B						
A		R		L				E		
		O		U	S	B		B		
	S	M	A	R	T	P	H	O	N	E
	D			A				O		
				Y				K		

6. **Relacione los conceptos de la columna de la izquierda con sus respectivos nombres en la columna de la derecha.**

a. Su bajo coste, gran resistencia a los golpes, manejabilidad y gran capacidad de almacenamiento y transferencia, han disparado su éxito comercial.
b. Es un tipo de tecnología basada en la microelectrónica para leer y escribir datos en el soporte.
c. Aprovechan la capacidad de algunos materiales de guardar de forma permanente un determinado estado magnético, por tanto, información.
d. Se basa en utilizar la luz láser para leer la información. Una vez escritos los datos en el soporte, no pueden ser modificados (salvo los de tipo regrabable).

d. CD-ROM, DVD, HD-DVD, Blu-Ray.
a. Memorias USB.
c. Discos duros y cintas magnéticas.
b. Memorias SD, XD y *Memory Stick.*

7. **Un ejemplo de función que, aplicada sobre una imagen, permite que al pulsar sobre ella la película avance o retroceda hacia un fotograma determinado, ¿cómo se llama?**

   a. *Hold on Next Frame.*
   b. *Wait for Mouse Click.*
   c. ***Go to Frame X Button.***
   d. *Navigation Button.*

8. **Complete los espacios vacíos con las palabras adecuadas.**

   Diseñar productos editoriales multimedia con **herramientas de autor** requiere que se haga un correcto análisis del concepto del **"tiempo"** así como de la velocidad de **reproducción** de la película. Esto no es tan importante en los productos multimedia publicados en formato de **página web** en los que prima la **presentación** de la información y la **interactividad.**

9. **Respecto a las características de los soportes físicos digitales, determine si son verdaderas o falsas las siguientes afirmaciones.**

   a. El disco magnético interno de un disco duro se considera un soporte extraíble.

      ☐ Verdadero
      ☑ **Falso**

   b. Un disco Blu-ray HD se basa en la tecnología magnética para almacenar la información.

      ☐ Verdadero
      ☑ **Falso**

   c. Las memorias *Flash* se basan en la microelectrónica para leer y escribir datos.

      ☑ **Verdadero**
      ☐ Falso

10. **Determine, para los siguientes programas que se nombran a continuación, cuáles son herramientas de autor de desarrollo multimedia, entornos de programación o editores de lenguaje y plataformas de alojamiento en la nube: *GitHub, Adobe Premier, Visual Studio Code, Sublime Text, Atom, Google Drive, Adobe Photoshop, Adobe Ilustrator.***

Herramientas de autor de desarrollo multimedia	Programación y editores de codigo	Plataforma de alojamiento virtual
Adobe Premiere *Adobe Photoshop* *Adobe Illustrator*	*Visual Studio Code* *Sublime Text* *Atom*	*GitHub* *Google Drive*

11. **Cite al menos cinco tipos de documentos que generalmente pueden leer los libros electrónicos.**

PDF, MOBI, AZW, ePub , DOC, HTML y RTF.

12. **Complete los espacios vacíos con las palabras adecuadas.**

Las mejores soluciones se basan en discos de **estado sólido** (SSD) o en defecto discos **eSATA** a 7200 RPM. Estos últimos ofrecen hoy día una capacidad de **almacenamiento** que va desde los 512 GBytes hasta los **4 TBytes**. La tasa de **transferencia** de datos es también un parámetro muy importante, sobre todo a la hora de reproducir flujos multimedia en alta **definición** donde los dispositivos SSD son hasta **10 veces** más veloces que los discos tradicionales modernos.

13. **Determine si las siguientes oraciones sobre la importación de contenido multimedia en la biblioteca (Cast) del producto de una aplicación realizada con herramienta de autor son verdaderas o falsas.**

a. El *Cast* externo es ideal para los objetos más pequeños, como los textos, las imágenes y los sonidos más cortos.

☐ Verdadero
☑ **Falso**

b. El *Cast* interno es aquel que se usa para importar los archivos más grandes, como las secuencias de audio y vídeo.

☐ Verdadero
☑ **Falso**

c. Los elementos que se importen en el *Cast* interno se guardarán en el archivo ejecutable de la aplicación.

☑ **Verdadero**
☐ Falso

14. ¿Qué son y qué ventajas ofrecen los discos SSD?

Los discos de estado sólido o SSD *(Solid State Discs)* son medios de almacenamiento físico digital, que usan circuitos de memoria *Flash* para guardar los datos, en sustitución a los discos magnéticos tradicionales. Ofrecen una alta tasa de transferencia de datos —parámetro muy importante, sobre todo a la hora de reproducir flujos multimedia en alta definición—, hasta 10 veces superior que los discos tradicionales más modernos.

Solucionario Capítulo 3

1. **Complete los espacios vacíos con las palabras adecuadas.**

   Las actualizaciones que afectan a la **estructura** de la página y a su apariencia visual deben realizarse de la misma manera sobre todos los archivos **HTML** que **compartan** dicha estructura o apariencia. Los lenguajes de **guiones** del lado del servidor, como **ASP** o **PHP** ofrecen técnicas que permiten **modularizar** un documento web en distintos **componentes,** de manera que los procesos de actualización son más **efectivos.**

2. **¿Qué formato de publicación es "poco amigo" de las actualizaciones?**

   a. La *World Wide Web.*
   b. Los gestores de contenidos CMS.
   c. El soporte de discos ópticos digitales.
   d. Internet.

3. **¿En qué consiste la primera etapa de planificación de una actualización?**

   Planificar la actualización consiste en detallar de manera clara qué información se debe modificar, qué archivos están involucrados en dicho proceso y qué consecuencias puede tener la actualización o cómo puede verse afectado el producto original, una vez realizada.

4. **Respecto a las posibilidades de actualizar documentos realizados para *E-Book,* la mayoría de los usuarios descargan los libros electrónicos en sus dispositivos y posteriormente los leen de manera *offline,* por lo que...**

   a. ... las actualizaciones se pueden hacer en el servidor en cualquier momento.
   b. ... las actualizaciones son efectivas si se concentran en nuevas versiones del producto y se lanzan cada cierto tiempo.
   c. ... las actualizaciones deben ser programadas en sistemas de bases de datos.
   d. ... es imposible realizar actualizaciones.

5. **¿Qué es el *coworking?***

El trabajo colaborativo o cooperativo, nombrado también con el término coworking, es una manera de afrontar el desarrollo de un proyecto mediante la dirección y coordinación de grupos formados por distintos profesionales. Estos comparten recursos y flujos de trabajo tanto física como virtualmente —a distancia—, para alcanzar objetivos comunes.

6. **Cite al menos dos aplicaciones multiplataforma para realizar copias de seguridad.**

Retrospect, FWBackups, Synkron y Bacula.

7. **Complete los espacios vacíos con las palabras adecuadas.**

Algunos sistemas de copia de seguridad están perfeccionados de manera que solo copian la información **interna** de los **archivos,** realmente modificada. Esta técnica se denomina copia de seguridad **incremental** a nivel de **bloque.** En la actualidad, los sistemas de copia en "la nube" son más **eficientes** y logran un ahorro del **espacio** de **almacenamiento** y **compresión** de las copias, al trabajar no a nivel de "bloques" sino de una manera más precisa a nivel de **bits,** lo cual es una gran ventaja en proyectos multimedia en continuo crecimiento.

8. **Relacione los conceptos con sus respectivos nombres.**

a. Respecto a los productos multimedia publicados mediante CMS, *Content Management System* o Sistemas de Gestión de Contenidos como *Joomla, Drupal* y *Wordpress...*
b. La actualización de contenidos realizado con herramientas de autor como *Adobe Captivate...*
c. Hay un amplio conjunto de técnicas basadas en la utilización de los lenguajes de servidor y sistemas de bases de datos...

b. ... es la mayoría de las veces un proceso más lento y complejo.
c. ... para facilitar la actualización de un producto multimedia *online.*
a. ... las actualizaciones suelen ser procesos directos, ya que estas se realizan modificando directamente los archivos en el servidor donde están incluidos.

9. **Describa qué problemas se pueden producir al realizar una actualización sobre una imagen y qué ficheros son los que deben subirse al servidor.**

Si la imagen se actualiza por otra distinta, tanto en contenido como en resolución y/o nombre, es necesario cambiar también ciertas propiedades del código HTML, por lo que deben subirse tanto el fichero de imagen como el archivo web que la incluye.

10. **Respecto a la modificación de un archivo de estilos CSS, al cambiar las propiedades de estilo, eliminar o crear estilos nuevos...**

a. ... hay que subir al servidor su fichero CSS asociado.
b. ... hay que subir al servidor el archivo de imagen correspondiente.
c. ... hay que subir al servidor los archivos de texto modificados.
d. ... no es necesario subir nada, los estilos se cambian automáticamente.

11. **Algunos sistemas operativos ofrecen utilidades relacionadas con las copias de seguridad. Ponga algún ejemplo.**

La aplicación Time Machine del sistema OS X. Apple, además, tiene la opción de guardar automáticamente versiones distintas de un mismo archivo, facilitando así la recuperación de información antigua en caso de errores o sobreescritura.

12. **Complete los espacios vacíos con las palabras adecuadas.**

Una vez que el producto se ha desarrollado en el equipo informático **local,** cualquier cosa que se modifique puede ser **subida** al **servidor web** contratado mediante **FTP, reemplazando** la anterior información por la nueva modificada y haciendo así **pública** dicha **actualización.**

13. **Determine si son verdaderas o falsas las siguientes afirmaciones.**

a. GIT es una aplicación que permite gestionar los cambios y actualizaciones sobre un determinado producto.

☑ **Verdadero**
☐ Falso

b. *FBackup* es una gran aplicación para realizar copias de seguridad, sin embargo tiene un precio muy elevado.

- ☐ Verdadero
- ☑ **Falso**

c. *Cobian* es una solución complementaria a *Dropbox* para realizar copias de seguridad en la "nube".

- ☑ **Verdadero**
- ☐ Falso

14. ¿Qué ventaja principalmente tiene automatizar las actualizaciones de un producto?

La de conseguir que se ejecuten automáticamente en determinados momentos, no dependiendo de personas que puedan cometer errores u olvidos.

15. El siguiente código: <!--#include file="lateral.htm" -->...

a. ... sirve para actualizar el fichero "lateral.htm".
b. ... sirve para acceder a la base de datos "lateral.htm".
c. ... define "lateral.htm" como fichero de actualización automática.
d. ... sirve para incluir el contenido del archivo "lateral.htm".

Solucionario 7

Gestión de la calidad de productos editoriales multimedia

Solucionario Capítulo 1

1. **Explique la importancia de la norma ISO 9001:2015 en la gestión de la calidad de productos editoriales multimedia.**

   La norma ISO 9001:2015 es fundamental porque establece un marco para garantizar la calidad en todas las etapas de desarrollo y producción de productos editoriales multimedia. Esta norma ayuda a asegurar que los productos cumplan con las expectativas del cliente y las normativas aplicables, promoviendo la mejora continua, la gestión eficaz de recursos y procesos, y la satisfacción del cliente.

2. **Indique tres características clave que debe tener un SGC efectivo según la ISO 9001:2015.**

   - Enfoque en la satisfacción del cliente.
   - Mejora continua de los procesos.
   - Gestión de riesgos y oportunidades.
   - Participación de la alta dirección.
   - Integración de procesos interrelacionados.

3. **¿Cuál fue uno de los cambios más significativos en la revisión de la ISO 9000 en 2015?**

   a. Enfoque en la conformidad documentada.
   b. Introducción de la estructura de alto nivel (HLS).
   c. Eliminación del enfoque en la satisfacción del cliente.
   d. Aumento del enfoque en la inspección final.

4. **Describa cómo la gestión de riesgos se integra en un Sistema de Gestión de la Calidad basado en ISO 9001:2015.**

   La gestión de riesgos en la ISO 9001:2015 se integra a través de la identificación y evaluación continua de posibles riesgos en los procesos de producción y gestión. Esto incluye la implementación de acciones preventivas para mitigar estos riesgos, asegurando que la calidad del producto no se vea comprometida y que la organización pueda responder adecuadamente a desafíos imprevistos.

10. ¿Cuál de los siguientes es un aspecto clave del sistema de navegación en productos editoriales multimedia?

a. Uso de múltiples tipografías sin coherencia.
b. Un diseño que minimiza el uso de espacios en blanco.
c. Organización jerárquica que facilita la accesibilidad al contenido.
d. Un menú único sin opciones de retroceso o avance.

11. Indique un beneficio que una organización podría obtener al implementar la ISO 9004:2018.

- Mejoras en la eficiencia operativa.
- Logro de un éxito sostenido y una mayor satisfacción del cliente.
- Optimización de la cadena de suministro mediante la integración de tecnologías.
- Mejora en la capacidad de innovación y adaptación al cambio.
- Identificación y mitigación proactiva de riesgos, junto con la búsqueda activa de oportunidades para mejorar el desempeño.

12. ¿Qué tipo de actividades incluye la medición, análisis y mejora en un sistema de gestión de la calidad?

La medición, análisis y mejora incluye actividades como las auditorías internas, la evaluación de la satisfacción del cliente y el análisis de datos de procesos y productos.

13. Según la ISO 9001:2015, ¿qué se considera esencial en la planificación de la calidad?

a. La definición de un enfoque centrado únicamente en el cliente.
b. La asignación de recursos y definición de métodos de control.
c. La creación de documentos sin revisión posterior.
d. La gestión de riesgos sin involucrar a la alta dirección.

14. ¿Por qué es importante que una empresa editorial multimedia tenga una política de calidad bien definida y comunicada?

Una política de calidad bien definida y comunicada asegura que todos los empleados comprendan y trabajen hacia los objetivos de calidad, lo que es esencial para mantener la consistencia en la producción y mejorar la satisfacción del cliente.

5. **¿Qué es un ciclo PDCA y cómo se aplica en la mejora continua dentro de un SGC basado en ISO 9001:2015?**

   El ciclo PDCA es un modelo de mejora continua utilizado para identificar oportunidades de mejora, implementar soluciones, verificar su efectividad y actuar para hacer ajustes o implementar mejoras adicionales. En un SGC basado en ISO 9001:2015, este ciclo es fundamental para mantener y mejorar la calidad del producto de manera continua.

6. **¿Cuál es la principal diferencia entre la ISO 9001:2015 y la ISO 9004:2018?**

   a. **La ISO 9001:2015 se centra en el cumplimiento de requisitos, mientras que la ISO 9004:2018 se enfoca en la mejora del desempeño a largo plazo.**
   b. La ISO 9001:2015 es una guía opcional, mientras que la ISO 9004:2018 es obligatoria.
   c. La ISO 9004:2018 reemplaza completamente a la ISO 9001:2015.
   d. No hay diferencia significativa entre las dos normas.

7. **Indique un aspecto clave que debe considerarse en la planificación del diseño y desarrollo según la ISO 9001:2015.**

   - Definición clara de las etapas del diseño y desarrollo.
   - Identificación de los responsables de cada actividad.
   - Establecimiento de criterios de control y verificación en cada fase.

8. **Explique la importancia de la gestión de cambios en el diseño según la ISO 9001:2015.**

   La gestión de cambios en el diseño es importante para evitar impactos negativos en la calidad del producto. Esto implica evaluar el impacto potencial de cualquier cambio, actualizar la documentación, y realizar verificaciones y validaciones para asegurar que el producto final cumpla con los estándares de calidad después de los cambios.

9. **¿Qué proceso de la ISO 9001:2015 se utiliza para asegurar que todos los elementos necesarios para la calidad estén disponibles y gestionados eficazmente?**

   a. **Gestión de recursos.**
   b. Realización del producto o servicio.
   c. Medición, análisis y mejora.
   d. Política de calidad.

15. En la norma ISO/IEC 90003:2018, ¿cuál es una etapa fundamental en el desarrollo de *software* para asegurar la calidad del producto final?

a. Ignorar la fase de pruebas para acelerar el lanzamiento.
b. Implementar un plan de mantenimiento después del despliegue.
c. Evitar la verificación del código para ahorrar costos.
d. Reducir la documentación a su mínima expresión.

Solucionario Capítulo 2

1. **Defina la importancia de las pruebas de funcionamiento en el desarrollo de un prototipo de producto editorial multimedia.**

   Las pruebas de funcionamiento son esenciales para verificar que el prototipo opera conforme a las especificaciones técnicas, para garantizar que todas las funcionalidades trabajen correctamente sin errores, y que el sistema pueda manejar el flujo de operaciones previsto sin fallos. Esto ayuda a identificar y corregir fallos tempranos, asegurando la calidad final del producto.

2. **Mencione un aspecto clave que debe evaluarse durante las pruebas de usabilidad para asegurar una experiencia de usuario satisfactoria.**

   - La facilidad de uso de la interfaz, evaluando si los usuarios pueden realizar tareas de manera intuitiva y sin errores.
   - La accesibilidad del producto para personas con diferentes habilidades y limitaciones, asegurando que todos los usuarios puedan interactuar de manera efectiva con el contenido.
   - La identificación de obstáculos o fricciones en la interfaz, como problemas de navegación, claridad de las instrucciones o la organización de la información.
   - La adaptación de la interfaz a las expectativas y comportamientos del usuario final.

3. **¿Qué tipo de pruebas deberían realizarse para asegurar que un prototipo es accesible para usuarios con discapacidad visual?**

   a. Pruebas de funcionamiento
   b. Pruebas de usabilidad
   c. Pruebas de accesibilidad
   d. Pruebas de interfaces gráficas

4. **Explique cómo la latencia afecta a la experiencia del usuario en los sistemas de transmisión en tiempo real.**

La latencia es el tiempo que tarda el sistema en responder a las acciones del usuario. Una alta latencia puede causar retrasos en la comunicación y afectar negativamente a la calidad de la interacción, especialmente en entornos como videoconferencias o juegos en línea, donde una respuesta rápida y precisa es crucial para una experiencia fluida.

5. **Describa las ventajas de cumplir con normas ISO y UNE en el desarrollo de productos editoriales multimedia.**

Cumplir con las normas ISO y UNE asegura que el producto cumpla con estándares internacionales de calidad, lo que facilita su aceptación en mercados globales, aumenta su credibilidad y confianza entre usuarios, y garantiza que el producto sea seguro, fiable y de alta calidad.

6. **¿Por qué es crucial evaluar la integración de diferentes módulos durante las pruebas de funcionamiento?**

Es crucial porque garantiza que cada componente del sistema interactúa correctamente con los demás, asegurando que el flujo de datos y las interacciones sean coherentes y no provoquen errores en el sistema global, lo cual es esencial para mantener la estabilidad y funcionalidad del producto final.

7. **¿Qué pruebas se deben aplicar para confirmar que los usuarios pueden acceder fácilmente a las ayudas de un producto editorial multimedia?**

   a. Pruebas de accesibilidad
   b. Pruebas de interfaces gráficas
   c. Pruebas de usabilidad
   d. Pruebas de ayudas

8. **Explique cómo las pruebas de interfaces gráficas contribuyen a la coherencia y la experiencia de usuario en un producto multimedia.**

Las pruebas de interfaces gráficas aseguran que los elementos visuales y de interacción se comporten de manera uniforme en todas las partes del producto, lo que ayuda a los usuarios a comprender intuitivamente cómo interactuar con el sistema. Esto garantiza una experiencia de usuario coherente y satisfactoria.

9. **Describa un ejemplo de cómo las pruebas de usabilidad podrían mejorar la experiencia de usuario en una aplicación educativa interactiva.**

Si durante las pruebas de usabilidad se observa que los niños tienen dificultades para encontrar el botón de **Siguiente** en una aplicación educativa, el equipo de desarrollo podría reubicar y aumentar el tamaño del botón, facilitando su uso y mejorando significativamente la experiencia del usuario.

10. **¿Cuál de las siguientes afirmaciones es correcta en relación con las pruebas de usabilidad en un prototipo de producto editorial multimedia?**

    a. Las pruebas de usabilidad solo se centran en asegurar que el prototipo funcione técnicamente sin errores.
    b. Las pruebas de usabilidad evalúan la capacidad del prototipo para operar en tiempo real bajo condiciones extremas.
    c. **Las pruebas de usabilidad aseguran que la interfaz del prototipo sea intuitiva y fácil de usar, y que el producto sea accesible para todos los usuarios, incluidas las personas que tengan alguna discapacidad.**
    d. Las pruebas de usabilidad no incluyen la evaluación de la accesibilidad del prototipo para personas con discapacidades.

11. **Mencione dos aspectos clave evaluados en las pruebas de accesibilidad de un producto editorial multimedia.**

    - Compatibilidad con tecnologías de asistencia: verificar que el producto sea accesible mediante lectores de pantalla.
    - Contraste de color: comprobar que el texto sea legible para usuarios con visión reducida.
    - Navegabilidad mediante teclado: asegurar que todos los elementos interactivos sean accesibles sin necesidad de un ratón.
    - Disponibilidad de alternativas textuales: incluir subtítulos en vídeos y descripciones para imágenes, lo cual es vital para usuarios con alguna discapacidad auditiva o visual.

12. ¿Qué se evalúa durante las pruebas de comportamiento en tiempo real?

a. Tiempo de carga
b. Latencia y sincronización
c. Diseño gráfico
d. Funcionalidad de enlaces

13. Explique la importancia de la planificación en la evaluación y chequeo interno del prototipo.

La planificación es fundamental porque define los objetivos de la evaluación, establece los criterios de éxito, asigna los recursos necesarios y prevé posibles riesgos. Un plan bien estructurado asegura que todas las áreas críticas del prototipo sean evaluadas exhaustivamente, lo que hace que se optimice el uso de recursos y el tiempo.

14. Identifique una situación en que las pruebas de funcionamiento y de usabilidad se complementan para mejorar la calidad de un prototipo.

Durante el desarrollo de una aplicación móvil, las pruebas de funcionamiento pueden asegurar que la aplicación maneje correctamente múltiples tareas, mientras que las pruebas de usabilidad pueden identificar si la interfaz es intuitiva para los usuarios. Ambas pruebas combinadas aseguran que la aplicación no solo funcione bien, sino que también sea fácil de usar.

15. ¿Por qué es necesario repetir las pruebas de funcionamiento cada vez que se realiza un cambio significativo en el prototipo?

Es necesario repetir las pruebas de funcionamiento para asegurar que el nuevo desarrollo no introduzca fallos en funciones previamente estables y que el prototipo siga operando conforme a las especificaciones técnicas en todas las condiciones previstas.

Solucionario Capítulo 3

1. **Explique en qué consiste una prueba funcional y su importancia en los productos editoriales multimedia.**

   Una prueba funcional evalúa si cada una de las funciones de un producto multimedia cumple con los requisitos establecidos y opera según las expectativas del usuario final. Es crucial para garantizar que todas las características del producto, como la interacción con texto, imágenes y vídeos, funcionen correctamente tanto de manera individual como en conjunto.

2. **Mencione dos tipos de pruebas funcionales que se utilicen en productos multimedia.**

   - Pruebas de caja negra
   - Pruebas de caja blanca
   - Pruebas modulares
   - Pruebas de estructuras de control

3. **¿Cuál es el objetivo principal de las pruebas modulares?**

   a. Evaluar la seguridad del producto.
   b. Probar componentes individuales antes de integrarlos.
   c. Asegurar la compatibilidad del producto con diferentes dispositivos.
   d. Mejorar la interfaz de usuario.

4. **Describa el proceso de planificación de pruebas funcionales en productos multimedia.**

   La planificación de pruebas funcionales implica identificar los requisitos del producto, establecer los recursos necesarios (humanos y tecnológicos), definir los casos de prueba y crear un cronograma que establezca las fases de ejecución, evaluación y corrección de errores. Esta etapa asegura que el proceso de prueba sea eficiente y exhaustivo.

5. **¿Cuál es la principal diferencia entre las pruebas de caja blanca y las pruebas de caja negra?**

   Las pruebas de caja blanca se centran en la estructura interna del código y permiten al *tester* observar y evaluar el código fuente, mientras que las pruebas de caja negra se enfocan en evaluar la funcionalidad del producto desde la perspectiva del usuario, sin conocer cómo está construido internamente.

6. **Explique cómo se agrupan y evalúan los datos después de la ejecución de las pruebas funcionales.**

   Los datos obtenidos durante las pruebas se organizan en categorías, como errores críticos, importantes y menores, o por funcionalidades evaluadas, como la navegación o la interactividad. Esta clasificación facilita el análisis de las áreas problemáticas del producto y permite priorizar las correcciones.

7. **¿Qué tipo de prueba se enfoca en evaluar todos los posibles caminos de ejecución del código?**

   a. Pruebas modulares
   b. Pruebas de caja blanca
   c. **Pruebas de camino básico**
   d. Pruebas de estructuras de control

8. **Determine si la siguiente oración es verdadera o falsa:**

   "Las pruebas de regresión se realizan solo una vez para cada producto multimedia".

   ☐ Verdadero
   ☑ **Falso**

   Las pruebas de regresión se realizan de manera continua para asegurarse de que, después de corregir errores, el producto sigue funcionando correctamente y no se han introducido nuevos problemas.

9. **Determine si la siguiente oración es verdadera o falsa:**

«Las pruebas funcionales en productos multimedia deben adaptarse según la plataforma de distribución, ya sea internet, DVD o dispositivos móviles.»

☑ **Verdadero**
☐ Falso

Cada plataforma tiene requisitos específicos que deben ser considerados durante las pruebas funcionales para garantizar que el producto funcione correctamente en todos los entornos.

10. **Describa un caso de prueba para verificar la interactividad en un libro digital multimedia.**

Un caso de prueba podría ser verificar que todos los botones y enlaces dentro del *e-book* funcionen correctamente en distintos dispositivos. Por ejemplo, al hacer clic en un enlace que dirige a un vídeo, este debería reproducirse sin demoras. Si esto no ocurre, se documentaría como un fallo.

11. **Mencione dos aspectos clave que deben considerarse al realizar pruebas funcionales en productos distribuidos a través de internet.**

- Compatibilidad con distintos navegadores
- Velocidad de carga de los recursos multimedia
- Seguridad en la transmisión de datos
- Optimización para diferentes dispositivos

12. **¿Cuál es el propósito de las pruebas de validación en productos multimedia?**

Las pruebas de validación aseguran que el producto cumpla con las necesidades y expectativas del usuario final, verificando que sea útil, fácil de usar y satisfactorio en un entorno real. Generalmente se realizan con usuarios reales o simulando escenarios de uso.

13. Explique cómo se realizan las pruebas de estructuras de control en un producto interactivo.

Estas pruebas se centran en evaluar cómo el *software* maneja bucles, condicionales y estructuras de control. Por ejemplo, en un cuestionario interactivo, se verificaría que el bucle recorra todas las preguntas correctamente y que el programa gestione adecuadamente los casos en los que la lista de preguntas esté vacía.

14. Proporcione un ejemplo de un caso especial que debería ser cubierto por las pruebas funcionales.

Un caso especial podría ser probar qué ocurre cuando un usuario intenta cargar un archivo multimedia que excede el tamaño máximo permitido o cuando el sistema experimenta una pérdida temporal de conexión a internet. Estas situaciones poco comunes deben ser probadas para asegurar la robustez del producto.

15. ¿Qué tipo de prueba funcional sería más adecuada para garantizar que una aplicación educativa funcione correctamente en diversos dispositivos móviles?

a. Pruebas modulares
b. Pruebas de caja negra
c. Pruebas de compatibilidad
d. Pruebas de caja blanca

Solucionario Capítulo 4

1. **Defina *usabilidad* en el contexto de los productos multimedia.**

   La usabilidad en los productos multimedia se refiere a la facilidad con la que los usuarios pueden interactuar con el sistema o *software* para lograr sus objetivos de manera eficiente y satisfactoria. Se enfoca en hacer que la experiencia del usuario sea intuitiva y sin complicaciones.

2. **Mencione una norma ISO relevante para evaluar la calidad de los productos editoriales multimedia.**

   - ISO/IEC 9126
   - ISO/IEC 9241

3. **Indique tres características principales de la norma ISO/IEC 9126.**

   a. Fiabilidad, mantenibilidad y atractivo.
   b. Eficiencia, funcionalidad y mantenibilidad.
   c. Seguridad, estabilidad y usabilidad.
   d. Capacidad de respuesta, interoperabilidad y portabilidad.

4. **Explique la importancia de la interoperabilidad en los productos editoriales multimedia según la ISO/IEC 9126.**

   La interoperabilidad asegura que el *software* multimedia pueda interactuar con otros sistemas o aplicaciones de manera eficiente, lo cual es esencial para garantizar una experiencia fluida en plataformas diversas y en entornos con múltiples dispositivos.

5. **¿Qué norma ISO se centra en la ergonomía de la interacción humano-computadora?**

   a. ISO/IEC 9126
   b. ISO/IEC 9241
   c. ISO/IEC 27001
   d. ISO 14001

6. **Describa cómo la ISO/IEC 9241 contribuye a mejorar la accesibilidad de los productos multimedia.**

   La ISO/IEC 9241 garantiza que los productos multimedia sean accesibles para personas con diferentes capacidades, mejorando la experiencia de usuario mediante interfaces claras, navegación intuitiva y facilidad de uso en diversos entornos.

7. **Mencione dos subcaracterísticas de la funcionalidad, según la ISO/IEC 9126.**

   - Adecuación
   - Exactitud
   - Interoperabilidad
   - Seguridad
   - Cumplimiento funcional

8. **Analice cómo la mantenibilidad influye en la calidad de un producto multimedia.**

   La mantenibilidad asegura que el *software* multimedia pueda ser actualizado o modificado fácilmente sin afectar su funcionamiento. Esto es crucial en productos multimedia que requieren mejoras constantes para mantenerse vigentes y funcionales.

9. **¿Qué subcaracterística de la fiabilidad permite que el *software* continúe operando con una mínima degradación durante fallos?**

   a. Madurez
   b. Tolerancia a fallos
   c. Capacidad de recuperación
   d. Disponibilidad

10. **Explique cómo la eficiencia de un producto multimedia afecta a la experiencia del usuario.**

    La eficiencia se refiere al uso óptimo de los recursos del sistema, como memoria y procesamiento, para garantizar tiempos de respuesta rápidos. Una baja eficiencia puede causar tiempos de carga prolongados, lo que genera frustración en el usuario y afecta negativamente a su percepción del producto.

11. Describa cómo se aplica la norma ISO/IEC 9126 en la creación de libros electrónicos interactivos.

En los libros electrónicos interactivos, la ISO/IEC 9126 asegura que la funcionalidad (enlaces, contenido multimedia) esté correctamente implementada, que el *software* sea eficiente en su uso de recursos y que sea portable a diferentes dispositivos. Así garantiza una experiencia de lectura fluida y de alta calidad.

12. ¿Qué característica clave de la usabilidad asegura que los usuarios puedan operar el *software* de manera eficiente?

a. Capacidad de ser comprendido
b. Operabilidad
c. Aprendibilidad
d. Atractivo

13. Indique dos subcaracterísticas de la portabilidad en los productos multimedia.

- Adaptabilidad
- Facilidad de instalación
- Coexistencia
- Capacidad de reemplazo

14. Analice la importancia de la seguridad en los productos editoriales multimedia según la ISO/IEC 9126.

La seguridad garantiza que la información y los datos de los usuarios estén protegidos contra accesos no autorizados, lo que es esencial en productos que manejan datos sensibles o personales. Esto asegura la confianza del usuario en el sistema.

15. Explique cómo la norma ISO/IEC 9241 puede aplicarse en plataformas de vídeo bajo demanda *(streaming).*

La ISO/IEC 9241 asegura que la interfaz de la plataforma sea intuitiva y fácil de usar, optimizando la navegación y la búsqueda de contenido. Además, mejora la eficiencia del sistema, permitiendo que los usuarios accedan a los vídeos y controlen la reproducción sin complicaciones, lo que aumenta la satisfacción del usuario.

11. [illegible] se utiliza la norma [illegible] en el [illegible] de bases electrónicas de información?

[illegible]

Solucionario Capítulo 5

1. **Defina *usabilidad* en el contexto de productos editoriales multimedia y explique su importancia.**

   La usabilidad es el grado en que un producto puede ser utilizado por los usuarios para alcanzar sus objetivos de manera efectiva, eficiente y satisfactoria. En productos editoriales multimedia, es crucial para garantizar que los usuarios puedan navegar y acceder al contenido sin confusión ni esfuerzo excesivo, con lo que mejora su experiencia general.

2. **Mencione dos beneficios clave de la evaluación de la usabilidad en productos multimedia.**

   - Mejora la experiencia del usuario, garantiza una navegación fluida.
   - Reducción de errores de navegación o interacción, que podrían frustrar a los usuarios.
   - Optimización del tiempo, permite a los usuarios completar tareas en menos tiempo.
   - Aumento de la satisfacción general del usuario con el producto.

3. **Determine si la siguiente oración es verdadera o falsa:**

   "En la evaluación de la usabilidad, la composición de un producto editorial multimedia se refiere únicamente a los elementos textuales".

   ☐ Verdadero
   ☑ **Falso**

   La composición incluye elementos gráficos, textuales y multimedia, no solo los textuales.

4. **Explique la importancia de la estructura en la usabilidad de un producto editorial multimedia.**

   La estructura organiza la información dentro del producto, facilitando la navegación y permitiendo que los usuarios encuentren lo que necesitan sin esfuerzo innecesario. Una buena estructura asegura que la experiencia sea lógica y clara para los usuarios.

5. **Mencione un elemento clave que se debe evaluar en la composición de un producto editorial multimedia.**

   - Tipografía: legibilidad adecuada para facilitar la lectura.
   - Gráficos y multimedia: integración adecuada sin sobrecargar el contenido.
   - Balance visual: distribución equilibrada de elementos visuales para mejorar la navegación.

6. **¿Qué principio establece que los usuarios deben ser informados constantemente sobre el estado del sistema durante la interacción?**

   El principio de visibilidad del estado del sistema asegura que los usuarios siempre sepan qué está ocurriendo durante la interacción, lo que aumenta su confianza y control sobre el sistema.

7. **Describa cómo la tipografía influye en la usabilidad de un producto editorial multimedia.**

   La tipografía influye en la legibilidad y en la accesibilidad del contenido. Un tamaño, tipo de letra y espaciado adecuados son esenciales para que el usuario pueda leer cómodamente en cualquier dispositivo.

8. **Explique el concepto de interacción flexible en la evaluación de la usabilidad de un producto editorial multimedia.**

   La interacción flexible permite que los usuarios utilicen diferentes métodos para interactuar con el sistema, adaptándose a sus preferencias. Esto puede incluir opciones de navegación mediante teclado, ratón o comandos de voz.

9. **Describa un ejemplo de cómo el uso de gráficos puede mejorar la experiencia de usuario en un producto editorial multimedia.**

   Un gráfico bien integrado, como una infografía que resuma puntos clave, puede ayudar al usuario a entender rápidamente la información, con lo cual mejorando la accesibilidad y la satisfacción.

10. ¿Qué métrica mide la capacidad de un sistema para proteger los datos personales del usuario y prevenir errores críticos?

a. Efectividad
b. Productividad
c. Seguridad
d. Satisfacción

11. Explique el papel de la planificación en el proceso de evaluación de la usabilidad.

La planificación establece los objetivos de la evaluación, identifica a los usuarios objetivo, selecciona las métricas de evaluación y define los métodos que utilizar. Esto garantiza que el proceso sea coherente y eficiente.

12. Comente una recomendación para mejorar la usabilidad basada en el principio de "evitar errores".

- Incluir advertencias antes de realizar acciones irreversibles.
- Proporcionar opciones de deshacer para corregir errores fácilmente.
- Limitar las opciones que pueden llevar a errores.

13. Indique cómo se puede aplicar la evaluación heurística en la evaluación de un libro digital interactivo.

En una evaluación heurística, los evaluadores revisan la interfaz del libro digital para asegurar que cumple con principios de usabilidad como la consistencia, la flexibilidad y la prevención de errores, proporcionando sugerencias para mejorar la navegación y la interacción del usuario.

14. Determine si la siguiente oración es verdadera o falsa:

"En un sistema bien diseñado, un usuario nunca debería estar a más de tres clics de la información que necesita".

- ☑ **Verdadero.**
- ☐ Falso

Este principio es conocido como la profundidad jerárquica y es clave para una navegación eficiente.

Solucionario Capítulo 6

1. **Describa los procesos fundamentales en el desarrollo de la documentación de un producto editorial multimedia.**

   Los procesos incluyen: planificación de la documentación (definición del alcance, objetivos y tipo de documentos), recopilación de información (obtención de datos de especificaciones del proyecto, entrevistas y análisis de productos similares), redacción y revisión (asegurando coherencia y claridad), y publicación y mantenimiento (actualización constante de los documentos para reflejar cambios en el producto).

2. **Mencione dos tipos de documentación para un producto editorial multimedia y explique brevemente su propósito.**

   - Documentación técnica: describe aspectos técnicos del producto, como especificaciones de *software* y procedimientos de instalación.
   - Guía del usuario: proporciona instrucciones para que los usuarios finales utilicen el producto de manera eficiente.
   - Documentación de control de calidad: registra los resultados de pruebas, fallos detectados y acciones correctivas.
   - Documentación legal: incluye descripciones sobre las condiciones de uso del producto, derechos de autor, licencias y restricciones legales.

3. **¿Qué norma ISO proporciona pautas para la documentación de *software* y sistemas?**

   a. ISO 9001
   b. ISO/IEC 26514
   c. ISO/IEC 9241
   d. ISO 9126

4. **Determine si la siguiente oración es verdadera o falsa:**

   "La programación orientada a objetos se utiliza para organizar el código en funciones secuenciales, sin necesidad de dividir el sistema en entidades".

   ☐ Verdadero
   ☑ **Falso**

5. **Explique la importancia de la documentación de control de calidad en el desarrollo de un producto editorial multimedia.**

La documentación de control de calidad permite verificar que el producto cumple con los estándares definidos, identificando y resolviendo problemas antes de su lanzamiento. Facilita el seguimiento de acciones correctivas y el aprendizaje continuo, con lo que mejora la calidad del producto.

6. **¿Cuál de los siguientes no es un tipo de *software* comúnmente desarrollado para productos editoriales multimedia?**

a. *Software* educativo
b. *Software* de entretenimiento
c. *Software* para minería de datos
d. *Software* corporativo

7. **Explique los beneficios de la documentación interactiva para los usuarios.**

Mejora la experiencia de usuario, al permitir una navegación intuitiva y un acceso rápido a la información relevante mediante enlaces y elementos interactivos. Además, facilita el aprendizaje, al incluir tutoriales en vídeo, simulaciones y cuestionarios interactivos que ayudan a comprender mejor los conceptos y el uso del producto.

8. **Indique una plataforma común en la que un producto editorial multimedia puede ser compatible y explique una característica clave.**

- Plataformas web: permiten el acceso a productos multimedia a través de navegadores en dispositivos de escritorio y móviles. Son portables y no requieren instalación local.
- Sistemas operativos de escritorio *(Windows, macOS, Linux):* requieren desarrollos específicos para cada sistema, teniendo en cuenta la interfaz y funcionalidades propias.
- Dispositivos móviles *(iOS* y *Android):* necesitan aplicaciones nativas o híbridas para aprovechar las características específicas del *hardware* móvil.
- Plataformas emergentes: incluyen tecnologías como realidad aumentada (AR), realidad virtual (VR) y dispositivos portátiles como *smartwatches.*

9. Determine si la siguiente oración es verdadera o falsa: "La programación en tiempo real es adecuada para aplicaciones que no requieren respuesta inmediata, como la edición de documentos de texto".

- ☐ Verdadero
- ☑ **Falso**

10. ¿Cuál es la ventaja principal de utilizar herramientas de desarrollo multiplataforma en la creación de productos editoriales multimedia?

a. Permiten desarrollar *software* exclusivo para un solo sistema operativo.
b. Facilitan la creación de aplicaciones que funcionan en múltiples plataformas con el mismo código base.
c. Limitan las posibilidades de incorporar interactividad avanzada en el producto.
d. Están diseñadas únicamente para productos educativos.

11. Mencione dos tipos de programación relevantes para el desarrollo de productos editoriales multimedia y describa brevemente en qué consiste cada uno.

- Programación orientada a objetos: organización del código en objetos que representan entidades con atributos y métodos.
- Programación web: uso de tecnologías como HTML5, CSS3 y JavaScript para crear aplicaciones accesibles en navegadores web.
- Programación en tiempo real: desarrollos que requieren respuesta inmediata a las acciones del usuario, utilizados en simuladores y videojuegos.
- Programación para dispositivos móviles: es esencial para productos multimedia diseñados para su uso en teléfonos y tabletas.

12. ¿Cuál de las siguientes opciones describe correctamente un beneficio del uso de herramientas de edición para la creación de documentación interactiva?

a. Permiten generar documentos en papel con gran precisión.
b. Facilitan la inclusión de elementos multimedia y opciones de interactividad.
c. Limitan el contenido a texto plano para mejorar la claridad.
d. Son adecuadas únicamente para crear presentaciones en *PowerPoint*.

13. Describa la importancia de las condiciones legales de uso en un producto editorial multimedia.

Las condiciones legales de uso establecen los términos y requisitos para la utilización del producto. Protegen la propiedad intelectual y definen los derechos y limitaciones de los usuarios. También incluyen garantías y políticas de privacidad para garantizar el cumplimiento de la normativa vigente.

14. ¿Qué tipo de programación es más adecuado para el desarrollo de aplicaciones móviles nativas?

a. Programación web
b. Programación orientada a objetos
c. Programación para dispositivos móviles
d. Programación en tiempo real

15. Explique por qué es importante incluir un historial de mantenimiento en el manual de mantenimiento de un producto editorial multimedia.

El historial de mantenimiento permite llevar un registro detallado de las intervenciones realizadas, lo que facilita la gestión de la calidad y proporciona información útil para futuras mejoras y el análisis de problemas recurrentes.